BABYLON

巴比伦

人类教育的起点

史孝文 ◎ 主编

石油工业出版社

图书在版编目（CIP）数据

探索古文明.巴比伦/史孝文主编.— 北京：石油工业出版社，2020.10
ISBN 978-7-5183-3941-9

Ⅰ.①探… Ⅱ.①史… Ⅲ.①文化史-巴比伦-青少年读物 Ⅳ.①K103-49

中国版本图书馆CIP数据核字（2020）第053613号

探索古文明：巴比伦
史孝文 主编

出版策划：王　昕　曹敏睿
责任编辑：姜　燕
责任校对：罗彩霞
出版发行：石油工业出版社
　　　　　（北京安定门外安华里2区1号楼　100011）
　　　　　网　　址：www.petropub.com
　　　　　编辑部：(010) 64523616　64252031
　　　　　图书营销中心：(010) 64523731　64523633
经　　销：全国新华书店
印　　刷：北京中石油彩色印刷有限责任公司
2020年10月第1版　2020年10月第1次印刷
710×1000毫米　开本：1/16　印张：15
字数：200千字
定价：49.00元

版权所有，翻印必究
如出现印装质量问题，我社图书营销中心负责调换

前言

作为世界四大古文明之一的巴比伦文明,诞生于富饶的两河流域。它曾经绚烂多姿、领先世界,却又在历史长河中黯然消逝,给人类留下诸多未解之谜。

人们常用"古巴比伦文明"来概括诞生于美索不达米亚平原上的两河流域文明,但这是不准确的。实际上,两河流域的北部称为亚述,南部称为巴比伦尼亚。巴比伦尼亚的南部叫作苏美尔,北部叫作阿卡德。巴比伦文明是指古代两河流域的南方文明,具体而言,是指公元前2000年年初,该地区继苏美尔和阿卡德文明之后,以古巴比伦城为中心兴起的又一个强大文明。直至公元前6世纪被波斯征服,该地区先后经历了阿摩利人、加喜特人、亚述人、迦勒底人等民族的传承与发展,历经古巴比伦、中巴比伦、新巴比伦时期,在"你方唱罢我登场"的政权更替中延续和发展,凝聚着这片土地上文明的命脉。

两河流域的人民以自己的智慧和劳动,创造了一系列优秀、先进的文化,并一步步将丰硕的成果累成一座举世瞩目的高峰,屹立于世界之林。在这里,诞生了世界上最早的文字——楔形文字,也出现了世界上公认的最早的城市——埃利都,还颁布了人类历史上最早的法典——《乌尔纳姆法典》。古巴比伦人的《汉谟拉比法典》则是迄今发现的最为完备的成文法典。这里的人们发明了太阳历和肥皂,最早建设了学校,最早使用了车轮、滚印。世界七大奇迹之一的空中花园来源于这里,"冒犯上帝"的巴别塔也出自这里……古巴比伦文明甚至成为欧洲文明的启蒙之师,她教给希腊人数学、天文学和物理学,传给犹太人神学,影响了阿拉伯人建筑学,教化了野蛮的中世纪欧洲。

文明成果灿若星河,却又早早地在历史长河中销声匿迹。巴比伦真实的面目是怎样的?究竟又是什么让她有了这样的命运?本书将以故事的形式,用凝练的语言、丰富的图片和详尽的图注,为你解读巴比伦文明的发展历程,与你一起感受千年文明繁盛的光辉及其没落的哀愁。

由两男性支撑滚轮的镂空青铜器

美国纽约大都会艺术博物馆馆藏。这件镂空青铜器制成于公元前 2000 年至公元前 1600 年的美索不达米亚地区。在这件器物中,两个跪着的男性支撑着一个滚轮。虽然青铜滚轮的精确功能仍然不清楚,但是这件器物底部的滚轮和孔径表明它与绳索、带子或织物一起使用。两个男性形象的外观很有特点,他们被剃除了额头的毛发,穿着短裙,这极有可能是寺庙侍者的形象。

古代美索不达米亚女性崇拜者雕像

英国不列颠博物馆馆藏。古代美索不达米亚的女性在家庭中处于从属地位，但她们的社会角色却是多样性的。她们可以拥有自己的财产，可以读书识字进而担任书吏或成为女祭司。此外，她们还可从事医生、占卜师、珠宝工人、艺术家等职业。尽管如此，对于大多数女性来说，生育孩子依然是她们的主要职责。

乌尔王陵出土的牛头竖琴

英国不列颠博物馆馆藏。音乐在美索不达米亚人的生活中占据重要的地位,这架牛头竖琴是乌尔王陵发掘出的公元前2600年至公元前2400年的乐器,琴架前有一个精致的牛头形装饰物,牛头为纯金制作,牛角尖卷曲毛发和胡须用青金石制成,牛眼则用了贝壳和青金石,琴身用黄杨木制成。琴身正面在沥青背景上用贝壳镶嵌出英雄、动物和半人半兽组成的四组神话场景,用以表现神话英雄吉尔伽美什和恩奇都的传奇故事。

赫梯帝国时期的银嵌金雄鹿杯

美国纽约大都会艺术博物馆馆藏。强悍的赫梯人迅速强盛起来,约公元前1595年一举推翻了古巴比伦王国,进而称霸西亚地区。他们在统治上注重法制,在外交上更注重人道主义,因而得以在西亚地区叱咤将近一千年之久。这只银嵌金雄鹿杯做工精美,无不体现着赫梯文明的恢宏与大气。

油画《巴比伦通天塔》

维也纳艺术史博物馆馆藏。由荷兰文艺复兴时期的画家彼得·布鲁盖尔绘制,高114厘米,宽155厘米。重建巴比伦城是尼布甲尼撒二世的重大创举,其中,关于通天塔的传说一直扑朔迷离。有人认为是为了宣扬其文治武功,有人认为是为了取悦巴比伦祭司集团,有人认为是为了观察天象,还有人认为是为迎接马尔杜克神的降临。目前认为,巴比伦城遗址中的恩台美安基塔庙就是《圣经》中通天塔的原型。

油画《高加米拉之战》

法国卢浮宫博物馆馆藏。由荷兰画家扬·勃鲁盖尔绘制。公元前331年,马其顿亚历山大与大流士三世在高加米拉进行决战。激战中,马其顿大营失陷,将士们一片恐慌。这时,祭司亚里斯坦德灵机一动,指着天空高声疾呼:"看那只盘旋的鹰,这是马其顿胜利的征兆!"将士们备受鼓舞,士气高涨,一举赢得最后的胜利。

亚述末代君王阿舒尔巴尼帕浮雕

来自公元前 7 世纪的尼尼微城,英国不列颠博物馆馆藏。阿舒尔巴尼帕通常被认为是亚述帝国最后一位伟大的君王,公元前 652 年,他结束了埃及第 25 王朝的统治,征服了整个埃及,并把整个安纳托利亚西部也纳入了帝国版图。

目录

第一章

从农耕到文明——古老而神秘的土地

新月沃土——两河流域 / 2

文明的孕育 / 7

文明的开端——苏美尔 / 14

群雄并起的苏美尔城邦 / 22

最早的改革——乌鲁卡基那改革 / 27

第一次统一——阿卡德帝国 / 32

天下四方之王——萨尔贡 / 38

苏美尔文明的"复兴"时代 / 44

第二章

古巴比伦王国

古巴比伦王国的建立 / 56

一个人说了算——汉谟拉比 / 61

《汉谟拉比法典》 / 68

阿维鲁、穆什根努与瓦尔杜 / 73

最长的王朝——加喜特王朝 / 80

不可一世的亚述帝国 / 86

大国缔造者们 / 96

专题：两河流域的科学与艺术 / 106

第三章

新巴比伦王国

迦勒底人建国 / 114

尼布甲尼撒二世 / 119

爱的传说——空中花园 / 130

奴隶制的繁荣期 / 135

被波斯所灭 / 142

新巴比伦的文化成就 / 150

专题：巴比伦人的社会生活 / 156

第四章

波斯帝国的兴衰

居鲁士大帝 / 166

高墨达暴动 / 174

大流士改革 / 180

波希战争 / 189

亚历山大大帝东征 / 201

波斯帝国的崩溃 / 208

专题：独具特色的波斯文化 / 218

第一章

从农耕到文明——
古老而神秘的土地

1843年3月的一天，法国人保罗·埃米尔·博塔抑制不住自己长久以来对摩苏尔郊外一座座土丘的好奇，终于将考古铁铲插进了摩苏尔西北16千米处的赫尔萨巴德土丘。正是因为这一铲，沉睡在沙土之下几千年之久的古老而神秘的古巴比伦文明重见天日。这片曾被《圣经》称为"东方伊甸园"的土地究竟有着怎样的古老传说？几千年前的古老文明又有着怎样辉煌的成就？让我们跟随文字的脚步，一起去揭开她神秘的面纱。

文明的开端——苏美尔

天下四方之王——萨尔贡

探索古文明 巴比伦

新月沃土——两河流域

约公元前 6000 年

水是地球生命诞生和成长的基础要素，河流与人类的孕育和文明的发展息息相关。历史上，人类文明的发祥地大都处于靠近河流的地方，黄河和长江孕育了华夏文明，尼罗河孕育了古埃及文明，印度河和恒河滋养了古印度文明，同样，位于西亚地区的两河——底格里斯河和幼发拉底河，则滋养了两河文明。

"两河之间的土地"

我们教科书上常说的"两河流域"，在西方通常被称为"美索不达米亚"，这并非古代美索不达米亚人为自己的土地所取的名字，而是来源于早期古希腊旅行家和历史学家对这片肥沃之地的称呼，意思是"两河之间的土地"。

"两河"指的是底格里斯河和幼发拉底河，这两个名字译自古波斯语。按照中文的阅读顺序和习惯，读者可能会误以为底格里斯河在西边，幼发拉底河在东边。事实上，正好相

美索不达米亚古地图

美索不达米亚的古地图，标示出了两河流域的地形与水文情况。

第一章 从农耕到文明——古老而神秘的土地

🌿 **巴格达和底格里斯河俯瞰图**

底格里斯河是西亚水量最大的河流,沿途汇集大扎卜河、小扎卜河、迪亚拉河等支流,流向伊拉克首都巴格达。

反,幼发拉底河在底格里斯河的西边。两河流向基本平行,从西北方的高地流向东南方的冲积平原,汇聚后注入波斯湾。

"两河"之水来自美索不达米亚平原北部高山的融化雪水。底格里斯河发源于土耳其东部的陶鲁斯山脉,流经今天的土耳其、伊拉克。幼发拉底河由土耳其东南部的数条支流和陶鲁斯山融化的雪水汇聚而成,流经今天的叙利亚、伊拉克。两河之间形成的冲积平原和地中海东岸的莱凡特地区连在一起,其形状恰如一弯新月,土壤肥沃,适宜农业种植,因而有"新月沃土"的美誉。正是在这样得天独厚的条件下,美索不达米亚平原成了古代西亚文明诞生的摇篮。

探索古文明 巴比伦

古代美索不达米亚平原主要包括今天的伊拉克全境和西边的叙利亚部分区域，及其北边的土耳其部分区域，四周环绕着沙漠、山峦和大海。西面是叙利亚沙漠，北边和东边是土耳其和伊朗的山脉与高原，南边则是波斯湾。

今天，底格里斯河与幼发拉底河在下游合流，然后注入大海，但在五六千年以前，两河入海前并无交集。当时，波斯湾海岸线深入内陆，如今的内陆城市乌尔、埃利都，在当年实际是海港。在漫长的岁月中，两河带来的泥沙层层堆积，加之大海自身退缩，导致海岸线不断向大海的方向推进。在这个过程中，两河的下游进一步延伸，最终合二为一。

神话里的"伊甸园"

两河流域的美好，自史前时代流传至今。在悠远历史中形成的《圣经》，既是犹太教和基督教的信仰经典，也是一部记载两河流域文明的史册。在《圣经》中，两河流域被描绘成"人类幸福的伊甸园"和"天堂"。

在《圣经·旧约·创世记》的故事中，上帝创造世界：第一天创造了天、地、光、暗、昼、夜；第二天创造了空气、水；第三天创造了早晨、晚上、陆地和大海，以及各种植物、菜蔬、果实；第四天创造了太阳、月亮，作为昼夜的标记，定下节令、日子和年岁；第五天创造了水生动物和飞鸟；第六天创造了陆地上的牲畜、昆虫、野兽，并照着自己的形象造出人类，并让人类管理一切有生命的动物，可食用的植物都给人类做食物；第七天，上帝结束了造物工作，于是，这一天便是安息日。

上帝用地上的泥土造人，然后"在东方的伊甸造了一个园子，把所造的人安置在那里"。园子中树木葱郁，果实丰硕。有一条大河从伊甸

> 谁也不曾想到，在两河流域经过的大地深处，沉睡着几千年的市井街巷、皇宫庭院，美索不达米亚的千古文明，就此揭开序幕。

园流出，滋润着花园，并且分为四条支流，第一条名叫比逊，环绕哈腓拉地，那里有成色上乘的金子、珍珠和红玛瑙；第二条支流叫基训，环绕古实地；第三条是希底结河，在亚述的东边流淌；第四条河是伯拉河。其中，希底结河与伯拉河就是底格里斯河与幼发拉底河在希伯来语中的名称，而"人类幸福的伊甸园"就是《圣经》和犹太教最初的发源地——美丽的美索不达米亚平原。

大自然的馈赠

河流是地球对生命的赐予，美索不达米亚则是底格里斯河与幼发拉底河对古代西亚人民的赠礼。

美索不达米亚地区拥有充足的光照资源、丰富的水资源和肥沃的土壤，培育出了多种农作物，如小麦、大麦、芝麻和椰枣等，成为美索不达米亚人的主要食物。河边生长着成片的芦苇，芦苇丛中潜藏的各种野禽小兽和鱼类，为美索不达米亚人提供了宝贵的食物蛋白和脂肪。这一切为当地人的生活繁衍提供了得天独厚的条件。

因为有两河冲积而来的黏质土壤，两河流域南部的人很早就学会了制造土砖。普通老百姓将砖块捏制成形以后，将其放置在阳光下烤晒，即可制成土砖。夏季阳光灼热，最适宜烤晒砖块，因此，古代美索不达米亚人将夏季的第一个月称为"砖月"。虽然这种土砖不够持久耐用，在抵御洪水或大雨灾害时也缺乏足够的强度，但其制作方便，成本低廉，而且易于更换。而在建造统治阶层的建筑，或者用于防洪灌溉的堤坝、堰渠等建筑时，则采用成本比较高昂的烧结砖。除此之外，这种冲积土壤还被当时的人们用于制造书写的泥板。

除了河流带来的黏土，两河流域盛产的芦苇也可作为建造房屋的重要材料，其作用相当于现代建筑中的钢筋，可以提升墙壁的坚固性。同时，芦苇也被当地人用作书写用的笔。

众所周知，今天的西亚有着"世界石油宝库"的称号，那里是目前世界上石油储量最丰富、产量最大和出口量最多的地区。天然沥青是另一种上天赐给美索不达米亚平原的珍贵礼

探索古文明 巴比伦

🌀 **巴比伦古城遗迹**

巴比伦古城遗址坐落于今天的伊拉克首都巴格达以南90千米处，远远望去，断壁残垣难以掩盖其千年文明的灿烂光芒（图中有些建筑结构为近代萨达姆·侯赛因时期重建）。

物。在古代美索不达米亚地区，沥青能够从河床中渗透出来，形成黑色的黏性沉积物，这与地下的石油密不可分。当时，美索不达米亚人生产生活中已经普遍使用沥青，其可做垒砖砌墙的黏合剂，也可在建筑中做防水涂层，等等。在全世界的各大古代文明中，几乎只有美索不达米亚人才使用沥青，这与当地拥有丰富的沥青资源是分不开的。

当然，受气候和地理环境的影响，美索不达米亚平原南部有些资源也极度匮乏。比如，当地严重缺乏石料，建造房屋无法就地取石，只能从北部山区运来，高昂的费用一般人难以承受。其他古文明中常用的木料，在这里也非常稀有。当地常见的本地树种是椰枣树，但它的果实是美索不达米亚人的重要食物之一，人们不可轻易砍伐。因此，如需要使用木料，也需从东部或北部山区运送。当地也缺乏铜和锡，这是制造青铜的重要原料，而青铜是后石器时代全世界最需要的金属。此外，铁、金、银等贵金属和珍珠、象牙等制作精美艺术品所需的原材料也是当地所缺乏的。

正因为一些资源的丰富和另一些资源的匮乏，促成了美索不达米亚对外贸易的繁荣和商人阶层的兴起。美索不达米亚人用自己的谷物、椰枣等农作物和纺织品等与外界进行交换。公元前15世纪晚期至公元前14世纪早期，美索不达米亚贸易范围延伸至埃及、叙利亚和土耳其等地区，丰厚的贸易收益使得叙利亚的乌伽里特和北部美索不达米亚的马里等城市迅速成长起来。

第一章 从农耕到文明——古老而神秘的土地

文明的孕育

约公元前 6000—前 4000 年

地球上最古老的文明起源究竟在哪里？在从野蛮走向文明的漫长岁月中，人类经历了哪些变化？从狩猎到农耕再到贸易，期间发生了怎样的变迁？从穴居到部落再到城市，人类聚居模式是如何演变的？美索不达米亚的故事是存在于神话里，还是在事实中？这片处于欧亚之交的土地热烈而神秘，漫漫黄沙之下，究竟埋藏着怎样的千年秘密？

从原始农业走向文明

在旧石器时代，美索不达米亚平原上最早的人类以采集和狩猎为生，人们用原始的方法捡拾野生的果实、植物的根茎等作为食物，或猎捕野兽、捕捞鱼虾来果腹。他们过着部落生活，成群地住在山洞或树上，而且没有永久的固定住所，每当部落把一个地区的野生动物猎杀殆尽，就会迁移到新的居住地，开始新的狩猎生活。

慢慢地，因为人口增加，对食物的需求量逐渐增大，对野生动植物的破坏也逐年加剧，原始的狩

🍃 陶器

法国卢浮宫博物馆馆藏。出土于公元前6000年的哈苏纳文化遗址的陶器，其上有排列规律的纹饰。

黏土镰刀

英国不列颠博物馆馆藏。欧贝德时期黏土烧制的镰刀，其基本已具备现代镰刀的雏形，反映了美索不达米亚农业发展的水平。

女神陶像

美国纽约大都会艺术博物馆馆藏。公元前5600—前5000年的哈拉夫文化的女神陶像。

猎和采集已经难以满足他们生活的需要。再加上原始居民在狩猎和采集的过程中，渐渐加深了对于野兽习性和植物特性的了解，也逐渐学会用火，还制造出了更好用的工具。于是，人们开始尝试自己耕种农作物，并驯养动物。他们不再需要为了追逐野生动物而从一个地方辗转至另一个地方，而且农作物的种植、生长、收割需要一定的循环周期，因此，四处游荡的部落逐渐过上了安定的生活。这时，定居的人们逐渐意识到：自己需要一个更加长久、更加坚固的居住地。

公元前6000年前后，美索不达米亚平原上的部落就开始修建小型的定居点。后来，随着建筑技艺的不断提高，人们建造出了圆形的拱顶小屋，多户人家聚集在一起，形成最初的小村庄。

为了建造房子，人们首先在地面上凿出一圈坑洞，在坑洞里插入高高的芦苇秆，再将所有芦苇秆顶部朝内弯过来进行捆绑，这就形成了圆形的屋顶。有时，建房子还会用到树枝和树叶。建造的房屋为刚刚定居下来的、从事耕种业的居民在酷暑中提供阴凉，在寒冷中遮挡风雨。

如前所述，美索不达米亚平原上的主要农作物是大麦、小麦、芝麻等谷物，以及椰枣等。为了更好地种植这些食物，居民们逐渐打造出了更加成熟的工具，代表性的工具有犁、带有燧石刀刃的镰刀、打谷的大锤、筛谷的铲斗或搅拌器。最早的犁可能是用来挖洞的木棍，非常简单。

第一章 从农耕到文明——古老而神秘的土地

大约在公元前5000年，人们发明了用牛拉的犁，用于翻土播种。后来，在公元前2000年前后，还发明了带有漏斗、可以让种子从漏斗流入垄沟里的犁，这大大提高了耕作效率。这个时候，人们还发现，秋天收获的食物可以晒干、研磨，以延长保存食物的时间，能帮助他们度过食物匮乏的农闲季节。

> 人类对世界的探索都是从乡村开始的。农业是美索不达米亚文明的发端。

大约在尝试种植农作物的同一时期，人们发现饲养的动物不仅可以作为食物的来源，还可以作为驮运货物的运输工具，于是，畜牧业诞生了。当时最重要的驯养动物是公牛、驴，它们可以用作驮畜驮运货物，也可用作挽畜拉犁或多人乘坐的交通工具。母牛和羊同样也是非常重要的驯养动物，它们可为人们提供饮食需要的奶、肉，还能生产用于制作衣物的皮毛。

依靠肥沃的土壤和充裕的水资源，美索不达米亚为当地人安定富足的农耕生活提供了理想的条件。在这里生活稳定安全、食物供给充足，各小村落人口开始迅速增长，居住地的范围也越来越大。就这样，城市文明正在孕育之中。

青铜长流罐

美国纽约大都会艺术博物馆馆藏。乌鲁克晚期的青铜长流罐，是两河流域铜石并用时代的产物。

铜石并用时代的城市雏形

从石器时代到青铜时代之间，还有

一段过渡历史时期，叫作铜石并用时代。在这个时期，人类制造生产工具和武器的主要材料从石器向铜器过渡。如果说石器时代见证了早期美索不达米亚人从巢居、洞居发展为村庄定居，那么，铜石并用时代则目睹了这片原野上的原始村庄发展为城市的雏形。

在村庄发展壮大的过程中，美索不达米亚平原上先后出现了一些以大型农业耕作为特点的早期文化。其中，非常重要且堪称辉煌的是哈苏纳文化和萨马拉文化，这两个早期文化都分布在美索不达米亚北部地区。哈苏纳文化稍早，大约活跃于公元前6000年，此时此地的人们发明了陶器，以矮颈球体的罐和钵为主，陶器上还有刻纹和红色、黑色彩绘，居民种植大麦、小麦等，使用石镰、石斧等石质工具，懂得人工灌溉农田，饲养了绵羊、山羊、牛和猪。

萨马拉文化则稍晚于哈苏纳文化，在公元前6000年后半期至公元前5000年，主要分布在美索不达米亚北部底格里斯河支流小扎卜河沿岸及以南地区，离今天的巴格达不远。考古学家在萨马拉遗址发现的陶器比哈苏纳文化中的陶器更为精巧别致，陶器表面出现了水纹、花卉、动物、人物等写实图案，除了罐，还出现了碗、瓶和人物陶像。此外，还出现了用铜制作的工具和珠宝，说明当时已存在与其他地区的贸易交换活动，可能商业雏形已经产生。

当时，美索不达米亚的北部出现了许多定居点，哈苏纳文化和萨马拉文化之后，出现了一个叫作哈拉夫的文化，取代了前两者。哈拉夫文化兴

彩陶罐

英国不列颠博物馆馆藏。出土于公元前6500—前5000年的萨马拉文化遗址的彩陶罐，相比石质器具，其更精巧别致。

旺了近600年，他们选取的定居点临河傍水，非常适于农业耕作。哈拉夫人在使用石器方面技艺高超，不仅会切割石料，而且会钻孔，能够将石料制作成牛头、鸟形等装饰物。这个时候的陶器器胎薄、图案多，富丽精巧。这时候的农作物，除了大麦、小麦，哈拉夫人还种植扁豆、亚麻叶、香豌豆和鹰嘴豆等。

在美索不达米亚的南部，则出现了欧贝德文化。欧贝德人发展程度较高，他们居住的小型村落逐渐发展成商业区。这里的小城镇大多以神庙为中心建设，除了农业生产和渔猎活动以外，这里的商业贸易盛行。欧贝德人生产的谷物与蔬菜超出了他们生活所需，因此，他们用这些富余的产品与其他地区开展贸易，交换来石头、木材、铜等本地缺乏的物资。

在哈拉夫、欧贝德文化遗址中，考古学家还发现了印

> **哈拉夫文化遗址**
>
> 哈拉夫文化遗址主要分布在今天的伊拉克、叙利亚北部和土耳其东南部的山区。

章,这是个人财富的象征,标志着当时社会经济的发展繁荣已经达到较为成熟的阶段。

早期的城邦

在人类社会向青铜时代过渡期间,美索不达米亚北部地区的气候逐渐变得凉爽、干燥,但因为缺乏降水,不利于农作物耕种,人们开始向水土更加丰饶的南部迁移。与此同时,以欧贝德文化为基础,两河流域的贸易以底格里斯河和幼发拉底河为主线扩展开来。至公元前4000年左右,商业区迅速发展成城市。南部的埃利都和乌鲁克属于最早的城市,它们都是欧贝德文化的结晶。

埃利都和乌鲁克并非那个阶段孤立的城市化现象,它们代表着南部较为普遍的历史发展动向:人口的大量增长、聚集,劳动的专门化,财富的增长,都促进了新的社会形式的形成。

新兴的城市汇聚着社会与经济发展的成果,同时也意味着社会组织方式的变化。聚集在一起的大量人群成为一个社群,由于农业生产过程中出现剩余财富不均,形成社会阶层。出于组织和管理的需要,社群中产生了首领。上层社会由统治者、贵族、祭司、学者组成,中间阶层包括商人、工匠,下层社会则以农民和奴隶为主。

在文明萌芽阶段,人类对世界的认知尚不明确,宗教在农业生产和城市生活中发挥了很大作用。每一座城市都有自己的神祇,都围绕一座神庙而建。随着城市扩张,神庙的规模、功能也都随之增长。

以埃利都和乌鲁克为例。埃利都位于幼发拉底河的下游,在美索不达米亚的南部。目前,埃利都被公认为是美索不达米亚最早的城市,也被认为是世界上最早的城市。在苏美尔王表中,埃利都被描述为"王权天降,落于埃利都"。同时,这是一座崇拜水神恩基的宗教中心。人们考古时发现,在埃利都的神庙遗址中,祭坛位置的四周散落着鱼骨,这是人们崇拜恩基水神的有力证据。

乌鲁克的位置也在幼发拉底河的下游,最初紧靠河流岸边,位于今天伊拉克的穆萨纳省,但古河道已经干涸,城址已远离水流,这也许是7世纪时,存在了5000年之久的乌鲁克城遭到废弃的原因。乌鲁克由欧贝德时期的两个小型定居点融合而来,因此,宗教信仰具有复合神庙区的特点,天神安努和爱情与战争女神伊南娜这两位神都在这里有自己的塔庙,都获得乌鲁克人的崇拜。美索不达米亚沙漠绿洲的地理风貌,使这个地区形成独特的城邦文明,政府结构发展缓慢,城邦之间屡屡为争夺资源而发生战争与变革,最终未能形成一个政治统一体。

欧贝德文化时期彩陶碗

美国纽约大都会艺术博物馆馆藏。碗为唇口,浅弧腹,圆形底。灰陶质地,深褐色陶彩装饰。在碗心内壁绘有带状纹饰,并组成两个半月形图案。在整个美索不达米亚发现的欧贝德时期的陶器,基本起源于南方,并向北部和西部扩散。此陶碗就是欧贝德文化的典型代表。

文明的开端——苏美尔

约公元前 4000—前 2400 年

> 关于"四大文明古国",人们对古代中国、古埃及、古印度和古巴比伦的说法耳熟能详。然而,鲜为人知的是,在古巴比伦文明之前,还有一个种族创造了文字体系、宗教和法律,建造了宏伟的建筑群,农业和商业也达到了较高的发展水平。也许他们才是世界最早的文明——苏美尔文明。

文明"开荒者"

在早期城邦乌鲁克发展得如火如荼之时,苏美尔文明在幼发拉底河沿岸悄悄兴起,并与之有交集。

"苏美尔"这个名字,最早来源于阿卡德人对他们的称呼"Sumer",它并不是一个国家,而是一片由多个城邦组成的地区,这些城邦包括埃利都、尼普尔、拉格什、乌鲁克、基什和乌尔。每个城邦的经济和政治都独立发展。

根据考古发现,苏美尔文明大约发迹于公元前3500年。苏美尔人凭借智慧的头脑和勤劳的双手,创造出了一系列新事物,可以说是美索不达米亚文明的开荒者。根据著名学者S.N.克莱默在其著作《历史从苏美尔开始》中的记录,苏美尔人首创了世界历史上39个"第一":

1.最早的学校;

2.最早的谄媚事件;

3.最早的少年犯罪案例;

第一章 从农耕到文明——古老而神秘的土地

> 公元前 3000 年的城市规划，已有了下水道和管道设施，真让人惊叹！

🌀 位于伊拉克境内的古城乌鲁克遗址

4. 最早的"心理战"；

5. 最早的两院制议会；

6. 最早的史学家；

7. 最早的减税事件；

8. 最早的"摩西"法典；

9. 最早的判例；

10. 最早的药典；

11. 最早的农历（太阴历）；

12. 最早的遮阴树栽植试验；

13. 最早的宇宙演化论和宇宙论；

14. 最早的伦理标准；

15. 最早的"约伯"；

16. 最早的格言和谚语；

17. 最早的动物寓言；

18. 最早的文学论争；

19. 最早的类似《圣经》中的事件；

20. 最早的"诺亚"；

21. 最早的复活故事；

22. 最早的"圣乔治"；

23. 最早的文学借鉴；

24. 人类最早的英雄时代；

25. 最早的情歌；

26. 最早的图书馆目录；

27. 人类最早的黄金时代；

28. 最早的"问题"社会；

29. 最早的祭祀哀歌；

30. 最早的弥赛亚；

31. 最早的远征；

32. 最早的文学意象；

33. 最早的性象征主义；

34. 最早的悲伤圣母；

35. 最早的摇篮曲；

36. 最早对母亲的肖像描写；

37. 最早的葬礼挽歌；

38. 劳动者最早的胜利；

39. 最早的水族馆。

这39个"最早"被一一罗列，展示出苏美尔人当时在文学、宗教、法律、农业耕作、天文、医药、政治体制等方

乌鲁克时期国王的裸身祭司形象，制作于公元前3300年前后。

面的成熟与发达,展示着人类最早的城市文明的真正创造者的劳动智慧。

除此之外,他们还发明了楔形文字,发明了度量衡计算方法,发明了世界上最早的车轮及船,发明了滚印,以及建设出最早的拱形建筑。

苏美尔人的身世之谜

当时,与苏美尔人一样,居住于两河流域中下游地区的还有闪米特人和其他没有明确民族特征的散居小民族,他们拥有共同的生活方式、宗教习俗、技术方法和艺术文化等,唯一的区别就是所使用的语言不同。从严格意义上讲,"苏美尔人"指的是"讲苏美尔语的人"。

苏美尔文明辉煌灿烂,创造了诸多"第一",但他们在历史舞台上转瞬即逝,留下许多未解之谜。其中一个,就是苏美尔人的起源问题。从考古过程中发掘的苏美尔人制造的人形陶器来看,它们往往身材矮胖,长着大而多肉的鼻子、巨大的眼睛、粗壮的脖子和扁平的后脑勺,这也被认为是苏美尔人的典型特征。这些特征和一直居住于美索不达米亚平原的居民有诸多不同,所以,学界在苏美尔人是外来民族还是本地土著的观点上各执一端,众说纷纭。

有人认为他们来自高原,因为出土的建筑物中有很多是由木材建造;有人认为他们来自大海,但是在考古中发现的船只非常小,不能够适应大海航行;有人认为他们来自印度河河谷,因为出土于印度河河谷考古遗址中的一些

🌱 **奉献者石雕塑**
美国纽约大都会艺术博物馆馆藏。苏美尔早王朝时期文物,约制成于公元前2600年至公元前2350年,高41.3厘米。

探索古文明 巴比伦

印章，制作外观、图案风格都与苏美尔遗址中的遗迹非常类似；还有人猜测他们来自蒙古，因为苏美尔语中有很多发音类似于蒙古语发音。有人也怀疑"苏美人起源之谜"这一问题是否真的存在，他们也可能本来就一直存在于美索不达米亚平原。正如一位学者的评价：讨论最多的苏美尔人的起源问题，可能最后证明仅仅是一个对幻想的追逐，是一个人为臆想的问题。

泥锥

据考证，这个泥锥上的楔形文字是拉格什王古迪亚的名字。

古老文明重见天日

这宛如天降的神秘的苏美尔人及苏美尔文明，是如何进入历史学家、考古学家的视野的呢？

其实从一开始，历史学家不过是猜测，在古巴比伦之前，也许还有更古老的成熟文明存在。最终，苏美尔文明的发现和确认是在19世纪80年代。

1877年，一个叫德·萨尔泽克的法国人开始对泰罗进行发掘，找到了埋藏于泥土之下的古城拉格什。在长达10年的挖掘中，他发现了超过10万块的石刻铭文和书写泥板，上面使用的都是楔形文字。经过核验，这些残片被证明产生于公元前4000年至公元前3000年之间，来源于一种比古埃及还要古老的文明——苏美尔文明。

第一次和第二次世界大战期间，考古学家紧锣密鼓地展开了对美索不达米亚的考古工作。1902年至1912年，德国考古队在挖掘过程中，发现了不同历史时期的拉格什遗址。

第一章 从农耕到文明——古老而神秘的土地

后来，他们还发现了可追溯至公元前3000年前的苏美尔遗址。他们最大的收获是找到了500多块可上溯至公元前3300年的古文字泥板。

1922年至1934年间，英国考古学家列奥纳德·伍利在考古过程中发现了乌尔王陵。经过证实得出，当年的乌尔，就是苏美尔的城邦。他在上百座小墓穴中发现了16座属于乌尔的王陵，陵墓里有众多奢华的随葬品。而且，经过对女王舒伯亚德的墓室进行考察，发现其曾经进行活人殉葬的痕迹。墓穴中陪葬的女性很有可能是生前伺候女王的宫女，因为她们的尸骨头上都戴着一些精巧的金头饰。而其中一位男性尸骨，据推断，其生前很有可能是一位宫廷乐师，因为他的臂骨中搂着已经断裂的、装饰有黄金的乐器。

在王陵随葬品中，价值最高昂的当属女王的头饰。女王戴着假发，假发上有三个用青金石和玛瑙制作而成的花环，分别装饰有金环、金树叶、金花，假发上还插着一把点缀有金花、青金石的梳子；在鬓角位置装饰有螺旋形的金丝。女王还戴着半月形的金耳环。后来，伍利夫人根据一位同

> 戴上这套头饰，我就是女王。

苏美尔女性的头饰

英国不列颠博物馆馆藏。埋葬在乌尔墓地的各种女性人物和侍者都装饰着由金、银、青金石和红玉髓制成的珠宝，包括各种项链、耳环、头饰和发圈。在墓地墓葬中出现的红玉髓表明与印度河谷有贸易往来。发饰包括由金、青金石、贝壳和粉红色石灰石制成的花卉元素的发梳。

探索古文明 巴比伦

🐝 苏美尔拉格什第一王朝时期安纳吐姆楔形文字泥板

时代妇女的头骨对女王头颅进行复原，佩戴上这套头饰，在英国不列颠博物馆展出，一时举世轰动。

伍利通过考察乌尔遗址的冲积层土壤，并查阅与苏美尔相关的文献，以及以往对美索不达米亚平原的研究成果，大胆判断：苏美尔人是两河流域文明最早的创造者。根据后来考古中发现的泥板文献得知，《圣经》中所讲到的大洪水也并非原创故事，因为在此之前已经有关于大洪水的故事。埃利都的水神恩基警告苏美尔的一位国王兹乌苏德拉"洪水即将暴发"，并忠告他造一艘巨大的船避难。显然，这就是后来的诺亚方舟神话的早期版本。

"最古老的文字"——楔形文字

在苏美尔人灿若星河的文明中，最具有划时代意义的，当属他们对楔形文字的发明创造。

楔形文字，顾名思义，就是形状如同楔子的文字，英国人将其命名为Cuneiform，这是人类表达语言、传递信息的最早的符号。

书写系统的出现，开启了人类有文字记载的历史新纪元。在当时，书写文字的诞生，使得人们沟通交流发生了翻天覆地的变化，对整个人类世界的经济、文化都产生了巨大影响。因为有了这些文字和记载文字的泥板的发现,今人才拥有了了解这片土地生产、生活发展程度的生动注脚。

楔形文字从图画文字演变而来,最早大约出现在公元前3200年,苏美尔人需要记录生产中的农作物、牲畜等,在湿泥砖上压制一些符号来做记录。经历了几百年的时间,至公元前2500年前后才基本形成成熟的文字形式。在苏美尔人之后,巴比伦人、亚述人都使用楔形文字。一直到公元前539年,波斯人征服新巴比伦王国,他们也吸收了楔形文字的特点。但是因为这种文字形式过于复杂、不便于书写,波斯人最终放弃了楔形文字,而采用更为简便的字母系统。这一放弃,导致流传了将近3000年的楔形文字在历史长河中失传。

历史档案馆

最早的学校——泥板书屋

考古学家在乌鲁克遗址中发现的泥板文书均产生于公元前3000年左右。除了常见的税收记录、买卖合同等经济类、管理类文书之外,还意外地发现了一些学生学习的作业和"教科书"。可以推断,在公元前3000年前后,苏美尔就已经有学校存在了。

20世纪30年代,法国考古学家安德烈·帕罗特在两河流域上游的马里,发掘出一所类似学校的建筑。这座"学校"包括一条通道和两间房屋。一间房屋比较大,长约15米,宽约8米,房屋中间排列着四排石凳,可容纳约23人同时坐下,据推测,这间房屋很可能就是教室。

在苏美尔人创办的早期学校里,曾经有过这样的谜语:"犹如天空一个屋,形如书罐外裹布,好似鸭子盾上蠹,闭着眼睛走进去,睁着眼睛把屋出。"谜底就是"泥板书屋",用苏美尔语原文翻译就是"分配泥板的屋子",阿卡德人将其翻译为"泥板书屋",用我们今天的话来讲就是"学校"。

探索古文明 巴比伦

群雄并起的苏美尔城邦

约公元前 3000—前 2400 年

横空出世的苏美尔文明，为人类历史留下了辉煌灿烂的一页，但当时的人们并不是在"苏美尔人"这一称呼里获得认同感的，他们将自己的城邦视为故乡，就像今天的人们会说自己是中国人、英国人或美国人，苏美尔人更喜欢说"我是乌鲁克人""我是拉格什人"。

百花齐放的城邦发展

苏美尔并不是一个统一的政权，而是对一片地区的总称，在这片土地上存在着多个彼此独立的城邦。最易于理解苏美尔的方式，就是把它视为一个有许多独立邦国的地区，虽然没有苏美尔联邦政权，但是，各邦国存在文化上的共通点，它们相互之间保持松散的联邦关系，外人将其统称为"苏美尔"。

各邦国都有自己的王。在各个时期，所有邦国中，总会有一个邦国的势力强于其他邦国，因此，其能够在诸城邦中占据统领地位。

邦国统治下的区域包括其所在的城市及周边的农田，城邦要么建在底格里斯河沿岸，要么建在幼发拉底河沿岸。它们仰仗河流的灌溉，也建造高耸的堤坝保护城市不遭洪水侵袭。这些珍贵的土地被苏美尔人尊为地方神的财产。每一个城邦都有一座神庙，神庙所庇佑的土地也是供奉神的地产。人们相信，"王权神授"，神选中国王统治城邦，国王招募军队，保卫城邦及臣民的安定和平。同时，国王还负责宗教事务，督促建造城墙和维护灌溉系统，以保证臣民安居乐业。

第一章　从农耕到文明——古老而神秘的土地

在土地上生活的人们,也都归属于某一座神庙。贵族、官员、祭司、牧人、渔人、园丁、工匠、商人,乃至奴隶,都是某座神庙的神庇护的子民。国王让祭司管理神庙,管理社区劳动者的耕种活动。

在苏美尔人的社会中,祭司是备受尊重的社会角色,他们不仅是宗教领袖,有时也承担着科学家、学者、教师的职责。此外,官员治理城市,指挥官领导军队,书吏记录合同、税收和日常管理事务,商人向不同城市的人贩卖货物,农夫耕种土地,渔人捕捞鱼类,工匠精心制作项链、耳环、头饰等

"据说苏美尔人发明了世界上第一辆四轮车,后多用作战车。乌尔军旗上就绘有多辆战车及全副武装的士兵,可以看到车轮由木料拼接而成,中间由横木条固定,这一结构很像汉字"车"字。"

🌿 乌尔军旗

英国不列颠博物馆馆藏。这是当时的某种镶嵌图,在沥青的底层镶嵌着一片片碎贝壳,再点缀上光玉髓和青金石,图案分战争与和平两个主题,图中展示的是战争场面,出土于乌尔遗址。因为目前还不知道其确切的用途,因此一般被当作是乌尔的"军旗"。

探索古文明 巴比伦

▲ 宾夕法尼亚博物馆馆藏。这是镶在一架苏美尔早王朝时期的竖琴底座上的牛头，其做工精致，体现出当时人们对美的追求。

首饰……各种职业的人各得其所、各行其是，共同绘就苏美尔文明的繁荣画卷。

群雄争霸

俗话说，"船小好掉头"。"松散的邦国"为各城市营造了集中精力各自发展的空间，但也为城邦之间带来了此起彼伏的纷争。类似于古代中国的春秋战国时期，在苏美尔文明的发展过程中，也曾出现过诸侯争霸的局面。

约公元前2800年，两河流域的南部逐渐进入苏美尔早王朝时期（约公元前2800—前2371年）。为了争夺土地、奴隶和霸权，苏美尔各城邦之间展开长期征战。到了早王朝后期，战争愈演愈烈，基什、乌鲁克等诸城邦都曾先后称霸。

基什王麦西里姆（约公元前2700年末）成为霸主期间，还曾出面调停拉格什与温马之间的边界冲突。但是，随着拉格什日渐强大起来，基什的调停无法有效地约束他们。

到早王朝末期，两河流域南部形成两大军事同盟对峙的局势。除拉格什以外的南方同盟以乌尔和乌鲁克为霸主，北方同盟则以基什为霸主。两大军事同盟的出现，意味着苏美尔诸城邦走向统一的趋势已逐渐到来。

▲ 拉格什国王及其子女的浮雕

法国卢浮宫博物馆馆藏。左上方的国王头上顶着一个篮子，表示国王率领子女和仆从建设国家；在右下方，国王举着酒杯，表示与子女一起庆祝工程竣工。

第一章 从农耕到文明——古老而神秘的土地

拉格什的秃鹫碑

拉格什位于今天伊拉克南部的阿什沙特腊城东22千米处,是今天的人们了解比较详细的一个苏美尔早王朝城邦。考古学家发现了王室的铭文,因而得以掌握从公元前2500年至公元前2350年,约150年间完整的拉格什国王列表及其相关历史大事。拉格什最早的国王是恩赫伽尔。约公元前2500年左右,拉格什日渐强大。有关拉格什王乌尔南筛的铭文中曾经写道:"地尔姆(波斯湾的巴林)的船从外国带给他木材作为贡品。"这说明,当时拉格什的势力已经控制了波斯湾以外的地区。乌尔南筛的孙子安纳吐姆王青出于蓝而胜于蓝。他在位期间,击败北方强国基什,征服乌鲁克、拉尔萨等城邦,被称颂为"纳姆卢伽尔",意思是"苏美尔诸邦霸主"。

安纳吐姆还与温马发生激烈冲突并战胜对方,为纪念这次胜利,他于吉尔苏城雕刻了秃鹫碑。秃鹫碑高约1.8米,宽1.3米,两面雕刻。考古发现的秃鹫碑损坏严重,仅残余几块碎片可供考察。其中一块碎片刻画了安纳吐姆指挥士兵踩着敌人尸体前进的场景,士兵们手持长矛,头

法国卢浮宫博物馆馆藏。公元前2100年拉格什王古迪亚的石雕像,这是苏美尔人的装饰风格与阿卡德人的粗犷风格相结合的艺术典范。

戴战盔，紧跟在国王身后。在这块碎片下方有一个场景，是安纳吐姆头戴战盔，身披兽皮，坐于战车之上，右手持缰绳，左手持长矛，边驾车边号令诸军，车后则是高举长矛的士兵，听候命令行动。该碎片的另一面刻画了神宁吉尔苏，他右手持锤子状物体，左手抓着一个巨型网兜，网兜上部手握住的地方，是吉尔苏的标志狮头安祖鸟。网兜中网住了许多俘虏，其中一名俘虏将头伸出试图逃跑，宁吉尔苏用锤子敲打其头部。通过解读石碑上的楔形文字可知，逃跑者是基什王卡勒布姆，他是温马的盟友。

秃鹫碑上还刻有铭文，铭文内容是：伟大的基什国王麦西里姆曾划定温马和拉格什的边界，并树立了界碑作为标记。数百年后，温马王乌什破坏界碑并入侵拉格什境内，安纳吐姆给予反击。在战斗中，许多神抛出网套住温马士兵，俘虏3600人。安纳吐姆身负重伤，神为他流泪，最后他取得胜利。战后，安纳吐姆与温马的王位继承者恩阿卡莱达成新的边界协议，温马将属地古埃迪纳归还拉格什，另割让一块地给拉格什作为赔偿，并以一条壕沟为界，将麦西里姆时立的界碑树立在新界碑旁边。

这块秃鹫碑，图文并茂，是人类文明史上第一块重要的纪念碑。

秃鹫碑

法国卢浮宫博物馆馆藏。秃鹫碑上镌刻的内容既古老，又神奇，且非常珍贵，它既是历史文献，又是艺术品。拉格什国王安纳吐姆在上面通过一些惊心动魄的战斗场面，记述了在他的城市和温马统治下的邻城之间发生的战争。人们可以在碑上的画面中看到呈密集方阵的士兵们正在发动进攻，下面是被打败的敌人堆积起来的尸体，正在被鹰隼啄食撕碎。它既是最古老的苏美尔文学语言的文物，同样也是当地雕塑作品中最杰出的艺术品之一。

第一章 从农耕到文明——古老而神秘的土地

最早的改革——乌鲁卡基那改革

约公元前 2378—前 2371 年

当人类开始直立行走，便进入了永不停歇的变革历程。在无数次变革之后，才有了我们今天的社会。约4500年前乌鲁卡基那改革，是目前已知的世界历史上最早的一次改革，值得永载史册。

内忧外患中的拉格什

在苏美尔各城邦互相称霸的过程中，诸城邦内部也是忧患重重，矛盾尖锐。长期征战造成很多平民背井离乡，无家可归，大批百姓挨饿受冻，人口急剧下降。

在战争的推动下，王权不断扩大。随之而来的，是统治阶级内部的矛盾不断加深，国王和以祭司为代表的贵族之间的矛盾尤为突出。在拉格什，乌

英国不列颠博物馆馆藏。苏美尔王朝初期，关于乌玛和拉格什长期边界纠纷的楔形文字陶瓶，上面写着"这是关于（神）撒拉纪念碑的边界"，发现于伊拉克南部。

探索古文明 巴比伦

尔南筛王朝末期国王恩安那图姆二世执政不久，就被高级祭司恩恩塔尔孜推翻。但是，恩恩塔尔孜和他的儿子卢伽尔安达（约公元前2384—前2378年在位）掌权后，违背了祭司贵族的利益，专横跋扈，为一己私利不择手段。

根据《乌鲁卡基那改革铭文》的记载，卢伽尔安达不仅侵吞神庙财产，而且向高级祭司征收贡税；他向全国各地派驻监工，强化了对神庙劳动者工作过程的监督管控；增派税吏，向牧民与渔民收税，甚至夺取他们赖以生存的驴羊、船只和渔场；剪羊毛的工人要向城邦首领缴纳税金，甚至主持祭典的神庙大祭司也被迫向城邦首领缴纳银贡税。各种暴行苛政，极大地加剧了拉格什城邦的社会矛盾，使广大平民无法生存下去，终于激起了广大平民的暴动。

人类历史上最早的改革

民怨民愤交加，平民终于奋起反抗，卢伽尔安达的统治摇摇欲坠。公元前2378年，贵族出身的乌鲁卡基那站了出来，他断然推翻了卢伽尔安达的统治，并获得民意拥戴，被推举上台执政，随后开始推行一系列改革。

乌鲁卡基那改革是迄今为止已知的，人类历史上最早的一次社会改革，其主要目的是除弊兴利，缓和城邦内部的阶级矛盾，加强政权对奴隶的专政统治。他推行了一些有利于平民百姓的措施，主要措施如下：

刻有拉格什国王乌鲁卡基那改革措施的石锥

1. 扩大公民权的范围，将公民人数由3600人增加到3.6万人；

2. 取消王室派往牧场、渔场的监督人员，撤除税吏；

3. 恢复庙产，减轻人民的宗教费用；

4. 禁止以人身保证作为借贷的条件，释放因债务而被奴役或遭拘禁的平民；

5. 禁止暴利、盗窃、残杀、囤积居奇，防备饥馑；禁止欺凌孤寡等；

6. 改革军事制度，建立以平民为军队主力的制度，由平民组成的步兵代替由贵族组成的战车兵；

7. 禁止贵族强行以低价购入平民的房屋、土地、牲畜；

8. 兴修水利工程。

> 乌鲁卡基那改革是迄今为止已知的，人类历史上最早的一次社会改革。

以失败告终

乌尔卡基那改革一定程度上打击了传统贵

历史档案馆

乌鲁卡基那改革铭文

恩利尔之强有力的战士吉尔苏，将拉格什的王位交给乌鲁卡基那，并树他在36000人中的力……他命令船舶监督离开船舶，他命令牧人监督离开驴和羊；他命令渔人监督离开渔网；他命令粮食船舶监督离开僧侣的税谷物。他免除在没有白羊和羔羊时征收的白银监督……管理库房的僧侣不再有进出士兵果园的权利；他在城中颁布命令，并使拉格什公民从债务奴、欺骗、谷物和财宝被盗窃的情况中解放出来，从残杀和掠夺中解放出来。他制定刑罚，使强者不再欺凌孤儿和寡妇……乌鲁卡基那和神宁吉尔苏共同确立了这种秩序！

探索古文明 巴比伦

族的势力,减轻了平民的负担;扶助贫困,扩大了享有公民权的公民群体数量;兴修水利,促进社会生产发展。乌尔卡基那改革废除了此前种种弊政,是对平民反抗贵族斗争胜利成果的认可,具有积极的意义,值得肯定。

　　在乌鲁卡基那执政的8年间,拉格什社会逐渐恢复稳定,经济日渐繁荣。但是,受其阶级立场的影响,改革仍然是在不触犯祭司贵族阶层利益的前提下进行的。例如,禁止贵族用低价购入平民的房屋牲畜等,实际还是容许兼并,并没有解决平民最根本的土地问题;废除向祭司征收

乌鲁卡基那军官证件

法国卢浮宫博物馆馆藏。这是出土于泰罗遗址中的乌鲁卡基那时期的军官证件,其上的铭文写着"(指定给)城墙边的堡垒"。

重税，重新制定了祭司的口粮和开支新定额，并且把神庙地产归还神庙，实际是强化了祭司贵族的权力，削弱了王权，打击了传统贵族。凡此种种，说明此次改革具有维护以祭司为首的贵族利益、向其妥协的特征。

因此很遗憾，改革最终并未能挽救危机中的政权，也未能将拉格什带上新的发展台阶。卢伽尔安达时期的传统贵族因利益受损而极为不满，他们反对改革，并暗中勾结邻邦温马国王卢伽尔扎吉西。乌鲁卡基那执政第4年，卢伽尔扎吉西大举进攻拉格什，乌鲁卡基那遭内奸出卖，作战失败。公元前2371年，即乌鲁卡基那执政的第8年，温马与乌鲁克的联合军队入侵拉格什，温马国王卢伽尔扎吉西率军队攻克并洗劫全城，乌鲁卡基那被迫下台。随着拉格什的覆灭，乌鲁卡基那改革宣告失败。

拉格什被攻破之时，乌鲁卡基那逃至附近小城吉尔苏，担任吉尔苏之王。后来，卢伽尔扎吉西继续征伐，还占领了乌鲁克等50个小城邦，自诩为"乌鲁克之王"。但是，在这个时候，阿卡德民族崛起，卢伽尔扎吉西成为阿卡德首领萨尔贡的手下败将。萨尔贡用套狗绳圈住卢伽尔扎吉西，将其拖到尼普尔城的恩利尔神庙前，作为祭神的牺牲处死。萨尔贡迅速统一两河流域，征服了苏美尔城邦。因为对乌鲁卡基那充满敬佩，也希望借助其威望，萨尔贡任命他担任拉格什总督，继续治理拉格什。

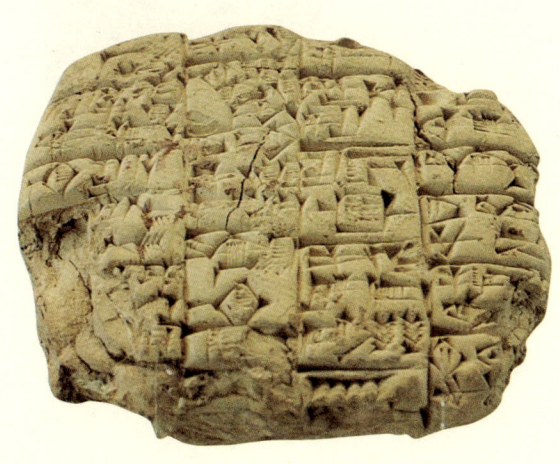

拉格什国王的信

法国卢浮宫博物馆馆藏。据考证，这是一封鲁恩纳大祭司给拉格什国王（可能是乌鲁卡基那）的信，告诉国王他的儿子在战斗中死亡。

探索古文明 巴比伦

第一次统一——阿卡德帝国

约公元前 2334—前 2191 年

当温马国王卢伽尔扎吉西入侵拉格什，并残酷洗劫了这座城市之后，他的马蹄又践踏了两河流域其他一些城市。就在卢伽尔扎吉西即将形成一统苏美尔之势时，北方民族阿卡德迅速崛起，击败了卢伽尔扎吉西，建立起两河流域第一个统一的政权——阿卡德帝国。

闪族人登上历史舞台

公元前3000年左右，一个操闪米特语的沙漠游牧部落，来到两河流域的北部，他们逐渐结束了游牧生活，定居于此。闪米特人来自亚洲西南部，阿卡德人、阿摩利人、亚述人、希伯来人、阿拉伯人等都是闪米特人的分支。他们的语言相似，但是都与苏美尔人的语言有所区别。他们在当地建立起自己的城邦，名为"阿卡德"。这一群人后来就被称为阿卡德人。

闪米特人的长相与当地原住居民有明显区别。他们身材高大，皮肤黝黑，长脸钩鼻，蓄黑色胡须，而且骁勇善战。阿卡德人在萨尔贡的领导下四处发起军事征服，在公元前2334年左右，建立起统一整个美索不达米亚地区的君主制集权国家——

气度不凡，神情威严，英俊高贵，说的就是我！

阿卡德国王萨尔贡青铜像

第一章 从农耕到文明——古老而神秘的土地

阿卡德帝国,定都阿卡德,在基什附近。

这是人类历史上有记载的,游牧民族对定居的农业文明的第一次大规模入侵。苏美尔持续7个世纪的、各城邦各自为政的早王朝时代结束,苏美尔人失去了对本民族的领导和统治,原本较落后的闪米特人统治了先进的苏美尔人,两河流域进入苏美尔—阿卡德时代。

这是收藏于芝加哥大学东方研究所博物馆的阿卡德古物,具体用途不详。

两河流域的首次大一统

统一王国的建立,改变了苏美尔地区结构松散、群雄争霸、混战不休、生灵涂炭的动荡局面,给美索不达米亚平原的文化发展带来了新的契机,让两河流域的历史持续发展。

在萨尔贡四处征讨和建立国家的过程中,阿卡德人的生活方式发生了极大的改变。他们摒弃了自身以前居无定所的游牧生活习惯,渐渐地丢弃帐篷,建起房屋,择址定居下来,开始了农耕与商业混合的生活。

探索古文明 巴比伦

🌱 阿卡德国王那拉姆辛的黏土印章

阿卡德的首都阿卡德城，至今尚未发现。但传说故事、契约、税收文件等资料中的记录显示它曾经是确切存在的。过上定居生活的阿卡德人，在不断的交流中向苏美尔人学习，接受了苏美尔文化。美索不达米亚地区的居民也融合了两种文化——苏美尔文化与阿卡德文化。例如，他们学习并发展了苏美尔人的楔形文字，用楔形文字来书写自己的阿卡德语。他们沿用了苏美尔的日历、度量衡、数字系统和管理方法。

🌱 用阿卡德语写的地籍文本的陶土石碑

在这期间，两河流域的建筑与雕刻技艺有了很大的提升。阿卡德的宫殿建筑风格简洁，又像坚实的堡垒，而大厅、浴室、厨房与起居室又独具特色。阿卡德人对帝国境内的神庙进行了很大的修缮，要么重建，要么扩建。比如，在尼普尔、恩利尔和伊南娜的高大复合神庙建筑十分壮观。复合神庙建筑的主要特征是塔庙，塔庙是一种平顶的、形状类似金字塔的阶梯建筑，它出现在所有与美索不达米亚神庙类似的建筑中。

阿卡德帝国时期，雕刻艺术也非常流行，并且得到了充分的发展。人像、头像和神像是最常见的雕刻作品，还有一些记载重大历史事件的浅浮雕。那个时期保存至今的雕刻作品，有两个头像，一个是国王的青铜头像，戴着一种有假发的头盔，据推测，可能是国王萨尔贡的肖像。还有一个是有所破损的、神态自然的男人肖像，考古学家至今不能够确定这是谁的肖像。

🍃 阿卡德时期国王那拉姆辛在神庙的题词碑

在这样的文化融合过程中，阿卡德人渐渐淡忘了昔日驰骋沙漠的游牧生涯，淡忘了马背上的武艺，被拥有先进文化的民族所同化。军事上，阿卡德人征服了苏美尔人，而在文化上，他们却被苏美尔人所征服，阿卡德人与苏美尔人逐渐融为一体。

这个站在山顶手拿弓箭的人就是那拉姆辛，表现的是他率军征服山地部落的历史场景。

帝国的覆灭

萨尔贡擅长武力征服，他对苏美尔—阿卡德地区的统治建立在武力强权的基础之上，因此统治基础并不十分牢固。在萨尔贡统治后期，各地叛乱曾一度此起彼伏，甚至有反叛者包围阿卡德城。同时，在安逸的城市化过程中，阿卡德

🍃 **那拉姆辛纪念碑**

法国卢浮宫博物馆馆藏。这是美索不达米亚艺术中最伟大的杰作之一，在苏萨出土的那拉姆辛石碑，埃兰一位国王曾把它当作战利品带到了苏萨。这块石碑记录的是国王那拉姆辛对卢卢比人开战并大获全胜。

探索古文明 巴比伦

阿卡德人的葬礼

这是1920年于伊拉克基什古城遗址中发掘的阿卡德人的墓穴,从陪葬品可以看出,阿卡德人非常重视死者的葬礼。

人逐渐失去了征战时的锐气。

阿卡德王国国王那拉姆辛是萨尔贡的孙子,他在军事上像祖父一样颇有才能、声名显赫,曾经为了解决北方扎格罗斯高原上蛮族的威胁,而发动了一场远征。远征大获全胜,使那拉姆辛成为许多阿卡德传说中的英雄。但遗憾的是,那拉姆辛不是阿卡德想要的领袖。

传说,恩利尔神曾将南部土地的统治权授予萨尔贡。随后,伊南娜女神在阿卡德城的神庙中选择了一处神圣场所,在仓库中盛满谷物,以保佑人民丰衣足食。那拉姆辛成为国王后,打算把阿卡德城的城墙建造得像天空一样高。他下令推倒神庙,重新建造一个新的、更好的神庙。然而,恩利尔神对此给予了警告。那拉姆辛却不顾劝阻,一意孤行。于是,他受到了来自神的惩罚——包括埃兰、马尔哈什等在内的几个城市宣告独立。随后，神派北部扎格罗斯山脉的勇士库提人，袭击阿卡德城。恩利尔还对这片土地降以干旱，导致了一段时间的饥荒。

而且，那拉姆辛远征扎格罗斯高原后，由于地理限制，他不可能获得便于防守的边界，这就为后来外族入侵埋下隐患。

那拉姆辛死后，他的统治结束，王位在三年内竟四易其主。阿卡德人以无法挽回的颓势，失去了他们在美索不达米亚平原的霸主地位，他们一手打造的阿卡德帝国很快由盛转衰。由于苏美尔人的不断反抗，再加上库提人和阿摩利人的入侵，在内外夹击、腹背受敌的情况下，于公元前2191年，阿卡德帝国被另一个游牧民族——库提人灭掉。

萨尔贡创立的阿卡德帝国的延续时间虽然只有100多年，但是它在古代两河流域历史上却意义重大，对后世影响非常深远。

历史档案馆

神圣场所——塔庙

塔庙是一种巨大的平顶建筑，墙是倾斜的，很像被砍掉尖顶之后的金字塔。所以，塔庙有时也被称为阶梯金字塔。塔庙的外表或外墙由窑炉烧制的砖块砌成，建筑内部使用的砖块则是未经烧制的。神庙的地基呈正方形或长方形，其四周的阶梯有的通向塔庙的侧面，一直到建筑顶部的神庙，在其顶端有一座神庙，这个建筑被视为神的住所，在此举行的仪式是非公开的，唯一允许参加仪式的人，可能是主持仪式的祭司。

塔庙的形状像一座山，有些研究者相信，这种形状代表到达众神的路线。选择这种形状，可能是意在象征早期美索不达米亚创世神话中出现的山。另一种观点，认为塔庙是天与地之间的桥梁。

探索古文明 巴比伦

天下四方之王——萨尔贡

约公元前 2371—前 2316 年

> 他是闪米特人的杰出领袖，是美索不达米亚平原最早的统一者，也是世界上第一个建立常备军的君主。他以两河流域地区中部的阿卡德为基地，首先征服了整个苏美尔，然后兵向四方，最后，建立起一个从波斯湾到地中海的庞大帝国。他就是萨尔贡大帝，古代近东地区最伟大的君王之一。

幼发拉底河漂来的孩子

从可查的史料记载上看，萨尔贡的身世充满了传奇色彩。

苏美尔早王朝时期，一天，在幼发拉底河河畔的城邦基什，王宫里一位朴实的园丁像往常一样来到幼发拉底河边挑水。忽然，他发现不远处的河面上漂着一个涂了沥青的芦苇筐，摇摇摆摆，看起来有些反常。他用长竿费力地将竹筐拨过来，一看，里面竟然躺着一个嗷嗷待哺的小婴儿，是个男孩儿。园丁环顾四周，他猜测这个男婴是从河上游的某个地方漂来，很可能是被父母遗弃了。见小婴儿实在可怜，园丁便把他抱回王宫，收养了他。当时，园丁肯定料想不到，这个被抛弃的、差点葬身河底的婴儿，在很多年后，将率领整个阿卡德王国统一两河流域，建立起庞大的帝国，成为被人们铭记的伟大国王——萨尔贡大帝。

据说，萨尔贡出生于幼发拉底河沿岸的阿吉利那尼城，他的亲生母亲是一位高级女祭司，父亲则无从查证。当时的王国有规定，女祭司是不允许怀孕生子的，萨尔贡的母亲违规生下了他，只得偷偷将其放在芦苇筐中，让他

第一章 从农耕到文明——古老而神秘的土地

随幼发拉底河漂流而下,赌一把命运是否眷顾这个小婴儿。

幸运的是,萨尔贡不仅被园丁捡到,留下一命,而且还得到他如同亲生父亲一般的疼爱。他在园丁家里平安长大,后来还在王官中谋得一职,做了王宫园丁。萨尔贡慢慢获得基什国王乌尔萨巴巴的赏识,成为乌尔萨巴巴的持杯者。在当时,持杯者是一个受人尊敬的高级职位,负责照顾国王的起居饮

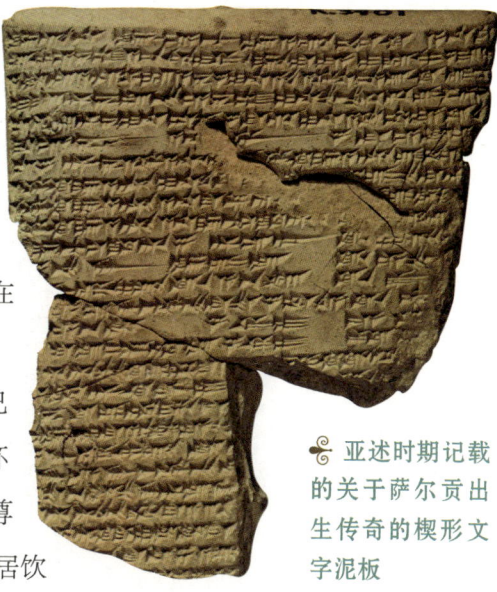

亚述时期记载的关于萨尔贡出生传奇的楔形文字泥板

食,处理宫廷大事,萨尔贡因此结识了许多政府官员。可见,萨尔贡其人的确才能出众,虽然出身低贱,却仍然能得到国王赏识和众人信赖。

爱神在梦中的预言

有一天夜里,萨尔贡做了一个梦,他梦见自己在爱情、生育与战争女神伊什塔尔的帮助下,取代了乌尔萨巴巴,成为基什的新国王。第二天,萨尔贡毫无防备地将梦里的情形讲给了乌尔萨巴巴听。乌尔萨巴巴顿时感到惶惶不可终日,他担心这是神给萨尔贡的启示,担心梦魇成真。但是,他并不想将王位拱手让人,尤其是给一个跟自己不相干的外人。

为了将隐患扼杀在摇篮中,保住自己的宝座和权力,乌尔萨巴巴开始处心积虑地设计除掉萨尔贡。但是,据说有好几次危机来临之时,都因为有爱神的庇护,萨尔贡均化险为夷。多番设计均不奏效,乌尔萨巴巴设下一个借刀杀人的局。他派萨尔贡作为信使,给温马国王卢伽尔扎吉西送去一封密信。密信内容,其实就是暗示卢伽尔扎吉西见信后马上杀掉来使。这一次,

《伊什塔尔见萨尔贡》

萨尔贡被园丁发现并抚养长大。一天，他在花园里工作，巴比伦人的爱情、生育与战争女神伊什塔尔来了，她周围环绕着圣洁的鸽子，萨尔贡很快爱上了她。在伊什塔尔的指导下，萨尔贡成了他所在城市的王，他对外征伐，最终将巴比伦的所有土地都置于他的统治之下。

萨尔贡又得到了爱神的庇佑，得以逃脱危险。

约公元前2371年，温马国王卢伽尔扎吉西入侵基什国，他英勇善战，率领温马军队将苏美尔诸多城邦一一征服，并打败基什，成为两河流域的霸主，实现了两河流域的初步统一。但卢伽尔扎吉西征服各城邦以后，建立的是联邦式的国家联盟，而非集权的帝国，这是他政治上的不

第一章 从农耕到文明——古老而神秘的土地

成熟，也可能是因为客观条件的不成熟。但是，他对基什的征服为萨尔贡提供了稍纵即逝的机会。在基什入侵战中，乌尔萨巴巴指挥失当，失败而投降，这引起全国人民的不满和抗议。萨尔贡借助这一难得的机会，迅速行动，在人民的支持下推翻了乌尔萨巴巴的统治，如梦中所预言的那样，他登上宝座，成了基什国王。

第一代帝王的文才武略

登上王位后，萨尔贡并不打算止步于基什国王。上台以后，他马上着手筹划自己的军事征伐理想。他十分重视军队的力量，为了实现统一理想，萨尔贡组建了世界上的第一支常备军。在他之前，几十个苏美尔城邦中，较大的城邦如拉格什人口多达15万，公民数却从几千到数万不定，军队建设不成规模，兵种以步兵为主，分为重装兵、轻装兵，以队为基本编制，每队20~30人，组成以职业分组和命名的队，例如拉格什分为农民队、牧民队等。普通城邦每次战役仅投入数百人。鉴于此，萨尔贡在常备军建设上，做出了突破性的重大举措。

萨尔贡的常备军约有5400人，全员脱产，均经过严格选拔和艰苦训练，人人精通骑射，长于搏击。非战时，士兵们肩负王官的安保警卫任务；战时，则成为萨尔贡军队的中坚力量。这支队伍成为他后来攻城略地的精干力

探索古文明 巴比伦

萨尔贡时期青铜镶嵌羊首

量。常备军的建设，体现了萨尔贡出色的组织能力，也让他充分展示了担任基什大臣期间积累的政治、军事、经济知识与能力。此外，基什作为一代强国所积累的雄厚国力也是萨尔贡拓展大业的坚实基础。

在萨尔贡上位之初，卢伽尔扎吉西正在与城邦拉格什激战，卢伽尔扎吉西分身乏术，没有余力镇压萨尔贡，于是与他展开谈判。但是，野心勃勃而又家底雄厚的萨尔贡并不甘心臣服于另一人。因此，谈判无果，萨尔贡挥师南下进攻苏美尔各城邦。此时拉格什陷落，但拉格什城邦并不屈服，双方陷入僵局。卢伽尔扎吉西只好转而迎战萨尔贡。卢伽尔扎吉西聚集了50个苏美尔城邦组成的联军，兵力至少一两万人。萨尔贡率常备军与其展开激烈对决。虽然卢伽尔扎吉西在人数上占有优势，但结构复杂，参差不齐，且其已经连年征战，处于疲惫之中。萨尔贡虽然兵力稍显弱势，但他们指挥统一、装备齐整、训练有素、精力充沛。最终，萨尔贡大胜苏美尔联军，俘虏卢伽尔扎吉西。这一仗，凸显了萨尔贡杰出的军事才能。

通过征服其他城邦，萨尔贡迅速壮大了基什的实力。他征服了两河流域北部的苏巴尔图，挥师西征，征服幼发拉底河中游的马里，打败叙利亚

> 萨尔贡执政期间，国家统一而繁荣，他自封"沙鲁金"，意为"真正的王"，并自诩"天下四方之王"。

第一章 从农耕到文明——古老而神秘的土地

地区的古国埃布拉,进军小亚细亚的陶鲁斯山区及地中海东岸地带,打通了前往地中海沿岸的贸易通道。然后在南方,打败以温马国国王为首的50个王公组成的联军,俘虏温马王,征伐拉格什,攻占乌鲁克,征服了整个苏美尔地区。他和他的军队甚至到达了今天的伊朗,挺进东部,远征埃兰,夺取苏萨等城邦。经过多年的东征西讨、南征北战的戎马生涯,大约于公元前2334年,萨尔贡终于在两河流域建立起第一个大一统的、中央集权制军事帝国,萨尔贡在基什附近修建阿卡德作为首都,因此其帝国又被称为阿卡德帝国。

萨尔贡执政期间,在发动大肆军事征服的同时,改革政治,加强中央集权,在各政府地区设置总督进行管理;注重发展经济、文化和农业灌溉技术,兴修河渠,统一度量衡,使阿卡德帝国成为世界上最先进的经济体。他的治理政绩斐然,促进了两河流域的发展,使国家统一而且繁荣。他自封"沙鲁金",意为"真正的王",并且自诩"天下四方之王"。至此,苏美尔地区各邦群雄混战、民不聊生的局面宣告结束。

献祭图方解石圆盘

宾夕法尼亚博物馆馆藏。直径21厘米,圆盘为方解石制成,一面雕刻献祭牺牲的场景,另一面刻有楔形文字题词,内容是萨尔贡的女儿恩赫杜安娜的名字。

探索古文明 巴比伦

苏美尔文明的"复兴"时代

约公元前 2111—前 2006 年

> 历史在波澜起伏中前进，延续苏美尔早王朝时期的乌尔第一王朝、乌尔第二王朝的名称，苏美尔人再次建立起乌尔第三王朝。这是苏美尔人的黄金时代，但这也是最后的回光返照，历史的车轮滚滚向前，苏美尔人已经注定要失去对这片土地的影响力。

"苏美尔和阿卡德之王"的辉煌

公元前2191年，阿卡德帝国覆灭后，库提人成为美索不达米亚平原上的匆匆过客，他们建立起并不完整的统治，并且在几十年的时间内，就从历史上消失了。

在库提人松散的统治期间，各苏美尔城邦均重整旗鼓、蠢蠢欲动。苏美尔文明开始复兴，企图再次掌控美索不达米亚的统治权。乌鲁克城邦也逐渐摆脱库提人的统治，国王乌图赫伽尔赶走库提人，再次建立统一的王朝，史称"乌鲁克第五王朝"。

公元前2111年，乌图赫伽尔死后第二年，他的弟弟兼乌尔总督乌尔纳姆夺得王位，建都乌尔，自称"苏美尔和阿卡德之王"。在苏美尔早王朝时期，曾存在过乌尔第一、第二王朝，故乌尔纳姆政权，史称乌尔第三王朝。继阿卡德帝国之后，乌尔纳姆又统一了整个美索不达米亚，建立起了强大的中央集权制王朝。

乌尔第三王朝时期的两河流域南部，生产力有了新发展。乌尔城（位于

第一章 从农耕到文明——古老而神秘的土地

今伊拉克的穆盖伊尔)是当时的大都市,商业、手工业等都相当繁荣,出现了大规模的手工业作坊。

在乌尔王陵的考古中,发现有国王及王后的印章,制作精美,墓室中均有一定数量的殉人,还有战车,豪华的金、银、宝石制品随葬,这反映出当时统治者坐拥丰富财富,而且金、银、铜等金属冶炼技术已较为完善。除了墓葬品,考古还发现这个时期出现了一些较为宽敞、精致的民房。留存下来的海运贸易方面的书信中,也描述了王室和神庙之外的私有贸易发展繁荣。当时,来自波斯湾的商船带来了大量铜矿与锡矿资源,为乌尔带来大量财富。首都乌尔的港口停满来自国外的商船,街道上熙熙攘攘簇拥着来自印度、埃兰、阿拉伯和巴勒斯坦等地的商人。乌尔成为当时国际政治、经济和文化中心,吸引四方人们不顾一切地涌入,寻求他们期待的财富。

乌尔纳姆执政18年,功勋卓著。为了祈求获得诸神的庇护与恩惠,并感谢诸神,他在埃利都、尼普尔、乌鲁克和乌尔都兴建了高大的神庙,并用"一座如同闪闪发光的山脉那样高的"城墙包围了乌尔,保卫其安全。为提高农业生产力,促进贸易发展,他疏浚了旧的河道,并下令挖掘新的灌溉运

早王朝时期的滚印

苏美尔人发明的滚印。他们把文字或图像刻在圆柱上,然后用圆柱在湿润的泥板上滚动,类似于今天的印刷术。

探索古文明 巴比伦

河。然而最终，他却于公元前2096年左右死于一场战斗。考古发现的泥板文书中，有一首挽歌，抗议众神让一名为百姓兢兢业业的国王毁灭，但是，关于让乌尔纳姆丧命的最后一战，却很难找到任何具体记载。

乌尔纳姆之子舒尔吉继位后，在位时间长达48年，自称"神舒尔吉"。他在基本和平的状态下，度过了前半段统治时光。作为国王，舒尔吉开始直接控制社会财富，包括手工作坊、纺织厂和为他们工作的奴隶。舒尔吉国王采用了萨尔贡的方式，直接管理神庙，占用神庙的巨额收入。政府直接控制王国所有部门的产业经济。在苏美尔腹地，每个城邦都由一名外地总督与该区司令官共同治理，总督通常为国王的亲属，他们直接向国王负责。

《乌尔纳姆法典》

古埃及重视发扬伦理、规范社会行为，美索不达米亚则重视法制约束、引导人们言行。在这片富饶的土地上，考古学家不仅发现了最早的文

刻有乌尔第三王朝时期伊比辛时代政府收益记录的泥板

字和发达的早期经济，而且还发掘出迄今所知最早的成熟法典。据英国学者萨格斯推测，在人们发现的苏美尔楔形文字泥板文书中，与法律相关的文书约占95%。

早在20世纪初，世人一直以为古巴比伦王国的《汉谟拉比法典》是世界上最早的法典。但是，在20世纪五六十年代，研究发现，在汉谟拉比之前，还有更早的立法者。其中最早

> " 《乌尔纳姆法典》是人类迄今已知的最古老的一部成文法典。"

第一章　从农耕到文明——古老而神秘的土地

🌿 苏美尔早王朝时期金嵌青金石公羊

英国不列颠博物馆馆藏。在乌尔王陵出土的豪华器物中,人们发现了这只用青金石和黄金叶片制作的公羊,它站立着啃食一棵树上的嫩叶,这棵树同样也是用黄金制作和镶嵌的。覆盖在公羊身上的黄金叶片,象征着它浑身的毛团。这件器物在当时具体的意义还未得知,有一种观点认为它是举行宗教仪式时使用的法器,象征风调雨顺。

🌀 土耳其伊斯坦布尔考古博物馆馆藏。这是考古挖掘出的乌尔第三王朝时期记录《乌尔纳姆法典》的泥板，部分残缺。

的，便是诞生于公元前2100年前后的《乌尔纳姆法典》。乌尔第三王朝时期，乌尔纳姆不仅兴建神庙，兴修水利，南征北战，而且努力让公正的光辉笼罩这片土地。他颁布的这部《乌尔纳姆法典》，成为人类迄今已知的最古老的一部成文法典。

这部法典写在泥板上，采用楔形文字，分为序言和正文两部分。法典序言的遣词造句和倡导的精神，与乌鲁卡基那改革铭文有异曲同工之妙。令人扼腕叹息的是，今天考古所得的，只是这部法典的一小部分。这部法典只残存两块已经破碎的泥板，而且一半以上的文字已被毁坏，内容极其不完整。只是从其有限的残余文字中，仍能看出《乌尔纳姆法典》是部成熟的法律，苏美尔文明的法制体系已经经历了很长时间的发展。

从现今仅存的20多条残篇来看，涉及婚姻关系的有7条，涉及伤害罪的有5条，涉及农业生产的有3条，涉及女奴的有5条，她们时常遭受强暴、买卖和殴打，有2条涉及寡妇，她们的社会地位相对女奴较好——法典序言提到不允许有势力的人支配寡妇，正文又提到遗弃寡妇的男人应赔偿一定数额的白银。法典也涉及普通妇女，她们的社会地位比女奴和妇女高，但较普通男子卑下。法典在处理男女婚姻问题上，明显偏袒男性，歧视女性，例如法典中有妻子被控通奸罪的规定，而且法典中还存在让河神澄清妖术罪。

不过法典也有其进步之处，其中有关身体伤害的处罚规定比原始的处罚有了很大的进步，而且，与后世的《汉谟拉比法典》相比，《乌尔纳姆法典》甚至更加文明、先进。针对各类案件的处理，处罚手段要么是判刑，要么是处以罚金，公正性相对较高。这也许和苏美尔民族的社会文明程度较高有关，而后来汉谟拉比所属的阿摩利人才刚刚进入文明社会，还保留着原始、粗放的特性。

作为迄今已知的世界第一部法典，《乌尔纳姆法典》尽管形式和内容都较为简单，但仍然是后世各种法典模仿、改进的成熟范本，在世界法制史上具有重要地位。

乌尔皇室游戏棋盘

英国不列颠博物馆馆藏。这套乌尔皇室棋盘也叫作二十方块游戏，是英国考古学家雷纳德·伍里爵士于19世纪20年代发掘现在位于伊拉克的远古皇陵时发现的几套棋盘之一，虽然上面的木头已经腐烂，但镶嵌的贝壳、红色石灰石和青金石还在，因此可以恢复其原来的形状。棋盘由20个贝壳制方格构成，5个方格一组分别刻有玫瑰花饰、眼形、小圆点和不同点状。

探索古文明 巴比伦

苏美尔人退出历史舞台

乌尔第三王朝后期,各城邦市民起义不断,再加上来自沙漠和山地的外民族入侵,可谓内忧外患同时袭来。

在第五位国王伊比辛当政时,国内矛盾日益突出。现存的伊比辛与地方总督之间的书信往来直观地向今人呈现了摇摇欲坠的帝国政权。伊比辛继位后的第7年,首都乌尔发生大面积粮荒,粮价暴涨60倍。国王命令地方城邦伊新的总督伊什比伊拉为首都购入充足的粮食。伊什比伊拉按要求购买了,然而却汇报:"马尔图人,所有的马尔图人已开到我国中部,攻克了一座又一座要塞。他们的力量太强,我方势单力薄,难以行动。"伊什比伊拉还称,伊新和尼普尔也面临军事威胁,请国王授权他保卫两地。面临威胁,伊比辛不得不应允。然而,几年后,伊什比伊拉就拥兵自重,割据伊新自立为王。

法国卢浮宫博物馆馆藏。乌尔第三王朝时期国王伊比辛奉献给月神南娜的玛瑙珠,其上刻有楔形文字。

另一位总督在向伊比辛报告时说:"篡位者伊什比伊拉已控制两河河谷的大部分地区,杀死或监禁了忠于国王的少数派。"但是他本人并不愿意率王家部队出征讨伐,所以也并不见得十分忠诚。伊比辛腹背受敌,处境十分尴尬,他在回复函中怒气冲冲地道:"伊什比伊拉是一个无足轻重的人,他不是苏美尔人的后代!"然而,他还固执地称:"现在恩利尔已挑动马尔图人离开他们的故土,他们将击败埃兰人并俘获伊什比伊拉。随着

第一章 从农耕到文明——古老而神秘的土地

历史档案馆

独特的乌尔大金字塔

美索不达米亚平原的建筑独具风格,乌尔大金字塔就是其中最典型的代表作品。乌尔大金字塔又叫乌尔塔庙,建于公元前2200年左右。乌尔第三王朝国王乌尔纳姆统治时期,坐落于乌尔城的中心位置,是目前保存最完好的一座苏美尔文明宗教建筑。

这座塔庙是作为苏美尔神话中的月神南娜的婚礼圣殿而修建的。月神南娜,也就是后来阿卡德神话与犹太人神话中的月神辛。在古代两河流域多年的宗教信仰中,月亮崇拜之风盛行。月神也是当时乌尔古城之神。在这座神塔中,配备着一名女祭司,女祭司是按传统风俗从公主中选派出来的。

该庙的中心是月神南娜的寝宫,筑在塔庙的顶部。神塔四周则是广场,设有附属神庙及祭司们的住房。根据考古发现和泥板文献记载,神塔平面为长方形,塔基一层长63米,宽43米。塔身共4层,各级塔台外侧用烧结砖砌成,以沥青黏合。塔身的每一层均涂以不同颜色,也具有不同含义。整个神塔高达70米,是当时亚洲最高的建筑,在全世界也仅次于埃及金字塔。

国家的中兴,帝国的力量将要震撼整个世界。"

然而,伊比辛预言的中兴并未出现。相反,公元前2004年,埃兰人入侵两河流域,大军攻克了王城,乌尔城被夷为平地,伊比辛沦为俘虏,被押往埃兰监禁至死。由乌尔纳姆建立起来的最后一个强大的苏美尔人的王朝,熄灭了其微弱的烛火。

自此,苏美尔民族结束了他们的黄金时代,渐渐消失在历史的长河中,苏美尔人生活过的痕迹,也被掩埋于黄沙之下,逐渐被世人遗忘,直到19世纪才重见天日。闪族人占据了历史舞台,先后建立巴比伦王国和亚述王国,在继承苏美尔文明的基础上,将美索不达米亚文明推向高峰。

乌尔塔庙复原图

第二章

古巴比伦王国

　　两河文明的火种在美索不达米亚肥沃的土地上燃起，在漫长的历史进程中，这个火种一直被传承着，生生不息。自古巴比伦开始，两河文明的火种迅速形成一种燎原之势，在政治、经济、军事、文化、社会生活等各方面皆有空前辉煌的成就，两河文明因此又被称为"巴比伦文明"，这背后究竟有着怎样神秘的故事？巴比伦人又有着怎样智慧的头脑和惊人的创造力呢？本章内容将为你一一揭晓。

古巴比伦王国的建立

不可一世的亚述帝国

探索古文明 巴比伦

古巴比伦王国的建立

约公元前 1894—前 1595 年

> 历来人们喜欢用"巴比伦"三个字来指古代两河流域文明，但事实上，今天我们所津津乐道的"巴比伦"是从阿摩利人于公元前19世纪建立的王国才开始在历史舞台上大放异彩的。它是美索不达米亚文明的第二个阶段，从这里开始，巴比伦一步步发展为古代世界最宏伟的城市，引领古代西亚文明达2000年之久。这个美丽的误解，足以表明巴比伦文明的辉煌和不凡魅力。

异军突起的阿摩利人

闪米特人是公元前3000年左右来自亚洲西部沙漠的游牧部落，使用闪米特语。他们在美索不达米亚平原结束游牧生活，成了除苏美尔人之外，定居在两河流域的另一个民族。这是一个种族广泛而复杂的民族，阿卡德人、亚述人，乃至后来的希伯来人、阿拉伯人等，都是闪米特人。

乌尔第三王朝后期，整个西亚又掀起新一轮的移民浪潮。在这波混乱的移民潮下，一个新的群体进入美索不达米亚平原并逐渐控制了这片土地。他们是又一支脱颖而出的闪米特人——阿摩利人。阿摩利人在阿卡德人统治时期就已经生活在两河流域。乌尔第三王朝时期，部分阿摩利人开始定居于两河流域，并在政治经济生活各方面与当地人深度融合。有的阿摩利人依然以牧民身份游走于各地区之间，有的则当上了地方官员，有的参加军队成为雇佣兵，还有的甚至成为强盗。到了公元前2000年左右，阿摩利人已经在语言、文化、生活等方面与当地人基本同化，成为人数上、实力上都占据主

第二章 古巴比伦王国

古巴比伦时期的战车模型

沃尔特斯艺术博物馆馆藏。这个模型代表了一辆由前盾保护的战车，盾牌的内部被印上了一个礼拜者的形象，他站在神灵面前，头戴一个又高又尖的头饰，手里拿着一根棒子和一枚戒指，这是用来测量与神圣正义有关的仪器。

要地位的主流民族。后来的古巴比伦人也是阿摩利人。当时的交易行为主要是以物易物的贸易方式，大宗货物则使用一些金、银、铜块。总之，当时还没有正式的金属铸币诞生，商品交换处于较原始的阶段。但其经济的繁荣程度，可从交易的频率略窥一斑。

乌尔第三王朝灭亡以后，盘踞着乌尔第三王朝各个重镇的，很多都是阿摩利人，他们在两河流域和叙利亚北部建立起为数众多的政权，雄踞各个城市。这些政权的规模实力不一，有的发展为称霸一方的王国，有的则退守一个城市，在各大势力间周旋。

探索古文明 巴比伦

拉尔萨的崇拜者

法国卢浮宫博物馆馆藏。这尊雕像长14.8厘米，高19.6厘米，宽7厘米，用铜制成，镶嵌有黄金，为公元前2世纪初近东古物。人物呈半跪朝拜的姿势，被称为"拉尔萨的崇拜者"，为了给汉谟拉比祈福，由拉尔萨的人民敬献给神阿穆鲁。

三足鼎立的两河局势

公元前2000年末，美索不达米亚平原诸国林立、群龙无首。南部有阿卡德人伊什比伊拉建立的伊新第一王朝，以及拉尔萨王国和巴比伦。多国之间长年征战，社会动荡，逐渐形成三足鼎立之势。

伊新王朝（公元前2017—前1794年）由乌尔第三王朝派驻伊新的总督伊什比伊拉拥兵自重而建立。伊新王朝经历了12任国王统治，史称"伊新第一王朝"。伊新王朝统治者虽然是阿卡德人，但他以乌尔第三王朝的继承者和苏美尔文明的传承者与捍卫者自居，承袭着乌尔第三王朝的统治模式。并且在这个时期内，里皮特伊斯塔在位（公元前1934—前1924年）时，编纂了目前已知的最后一部使用苏美尔文的法典——《里皮特伊斯塔法典》。

与伊新王朝同时期，平原南部的拉尔萨城邦逐渐发展壮大。约公元前2025年，阿摩利人纳普拉努姆建立了拉尔萨王国。后来，在瑞姆辛执政时期，他统一两河流域下

第二章 古巴比伦王国

游冲积平原地区，拉尔萨国家达到鼎盛。不同于伊新自诩为苏美尔文明的传承者，拉尔萨城邦更多地表现出游牧民族原始、粗放的特点。伊新和拉尔萨之间的对峙长达200余年。

巴比伦最初只是幼发拉底河边一座默默无名的小城。在阿卡德人的一块碑铭中，罗列了许多被征服的城市，其中就有巴比伦的出现。从公元前1894年开始，阿摩利人阿姆纳努姆部落摆脱了伊新的控制，部落首领苏木阿布（公元前1894—前1881年在位）以巴比伦城为首都建立巴比伦国，史称"巴比伦第一王朝"。从此，巴比伦文明登上了美索不达米亚的历史舞台，美索不达米亚文明进入了第二个重要阶段。巴比伦城占据两河流域贸易往来的商路枢纽，境内水源丰富，土壤肥沃。以此为契机，巴比伦城开始崛起，它的地理位置和历史意义从此大不相同。阿摩利人以巴比伦为中心，南征北讨，终于建立起一个威慑四方的强国。阿摩利人在此建立起一个中央政府，用于控制管理疆土，其领域包括之前苏美尔和阿卡德统治的大部分地区。巴比伦城不仅仅是强大王国的首都，更是世界性的大都市。从前的阿摩利人，也逐渐被称为巴比伦人。

与此同时，在底格里斯河及其支流迪亚拉河流域，即美索不达米亚平原北部，还有埃什嫩那、扎卡鲁、马拉德等城邦国家先后独立，作为小股势力也曾参与争霸斗争。

古巴比伦王国的浮沉

历史上曾经存在两个巴比伦王国，阿摩利人建立的巴比伦王国时间较早，为与后来的巴比伦王国加以

古巴比伦时期一枚用玛瑙制成的眼状珠子

探索古文明 巴比伦

区分，史称为"古巴比伦王国"，而后来的同名王国，则被称为"新巴比伦王国"。约从公元前1894年开始，古巴比伦王国的前几位国王励精图治、发奋图强，到第六任国王汉谟拉比时，国势强盛，领地包括两河流域中南部地区。约公元前1792年，汉谟拉比即位，开启了巴比伦统治的新纪元。

汉谟拉比登上王位时正当英年，意气风发。在他的征战和建设下，古巴比伦王国一跃成为当时该地区最强大、领土最广阔的国家，国土已基本将阿卡德和乌尔第三王朝时期的全部版图囊括其中，国家的政治、经济实力均达到鼎盛。

但是，汉谟拉比建立的统一国家很大程度是凭借他个人的才能与权力在捍卫，其根基并不稳固，各阶级间的矛盾十分尖锐。因此，汉谟拉比去世后，虽有5位巴比伦王相继统治王国，但王国的权威却骤然下降，两河流域南部的一些城市相继宣告独立。同时，在边境仍过着游牧生活的阿摩利人不断骚扰边境。两河中上游地区的胡里人对古巴比伦王国的领土威胁日益增加。游牧民族加喜特人也成为不容忽视的边境隐患。赫梯人在安纳托利亚地区建立的王国不断扩张，赫梯王穆尔西里一世趁机对古巴比伦王国发起进攻。

最终，约公元前1595年，赫梯人攻克巴比伦城，辉煌一时的古巴比伦王国就此灭亡。

水粉画《征服阿摩利人》

汉谟拉比凭借个人能力将古巴比伦王国推向鼎盛，然而后继的国王无法望其项背，国内各阶级间的矛盾逐渐锐化，国力不断下降，终于被早已虎视眈眈的赫梯人攻灭。这幅画作描绘的正是古巴比伦王国被赫梯人攻陷时的情景。

第二章 古巴比伦王国

一个人说了算——汉谟拉比

约公元前 1792—前 1750 年

豪华宏伟的宫殿，巍峨壮丽的神庙，横跨幼发拉底河的大桥，跨海运输的商船……史书记载勾勒出古巴比伦王国辉煌灿烂的模样。难以想象，公元前18世纪，两河流域已拥有如此丰硕的文明成就。而以上种种，几乎全部由古巴比伦第六任国王汉谟拉比一手缔造。

帝国的缔造者

从史书中的丰富记载可以推测，汉谟拉比是一位功勋卓著、影响深远的国王，也是一位胸怀大志、精明强干的君王。其父亲辛穆巴利特去世之后，约公元前1792年，年轻的汉谟拉比登上王位。当时他很可能年仅18岁或20岁，但初登王位的他雄心勃勃，力图一展宏图大志——建立一个伟大的王国。

在古代，战争是帝王开疆拓土、丰富资源、扩充人口、增加税收的一种方式。因此，和很多其他名垂青史的帝王一样，汉谟拉比的

我就是"巴比伦的太阳"！

古巴比伦最杰出的国王汉谟拉比

探索古文明 巴比伦

伟大功绩也离不开苦征恶战。汉谟拉比在位近40年间，不仅将大量精力投放于修建神庙、防御城墙和灌溉渠上，而且，在两河流域多年的城邦割据、战事连年的形势下，他预见到了统一天下的必要性。

汉谟拉比即位时，拉尔萨已吞并伊新一年。曾经三足鼎立的局势，演变为号称遵循苏美尔旧制的拉尔萨和新兴强国巴比伦之间的两强对峙。此外，周边的埃兰、延哈德等大小王国，对两河流域局势的影响亦不容忽视。

汉谟拉比的扩张之战可分为两个阶段。第一阶段在他掌权后不久第6年至第10年。这一阶段，或许是借配合拉尔萨平定起义的机会，他先征服已经臣服于里姆辛的乌鲁克和伊新，再击败东部强邻马勒库，然后吞并了巴比伦上游的重镇腊皮库。此后，他集中精力发展生产，保持了18年的和平。

18年后，在汉谟拉比执政的第28年，野心膨胀的埃兰国王对于征服拉尔萨和巴比伦蠢蠢欲动。他同时派出使臣前往拉尔萨和巴比伦，要求汉谟拉比协助攻打拉尔萨，又请里姆辛帮忙攻打巴比伦，试图离间二者。汉谟拉比和里姆辛识破他的计谋后，被迫与马瑞国的金瑞林联合，共同反抗埃兰。次年，汉谟拉比击溃埃兰同盟大军，迫使其退出埃什嫩那。汉谟拉比在里姆辛的配合下，在马瑞、亚述军队的支持下，重创埃兰，迫使其放弃埃什嫩那，撤回

马里伊什塔尔神庙出土的祈祷者石雕

法国卢浮宫博物馆馆藏。这尊穿着美索不达米亚特有的有穗饰的毛裙的塑像是埃比伊尔，他是公元前2400年前后马里伊什塔尔神庙的管理者。

本土。汉谟拉比的胜利，为他赢得国内、国际的英雄盛名。

与此同时，汉谟拉比的胜利，让里姆辛感受到这位年轻人的气魄和志向，且埃兰退出后的累累战果全归巴比伦，引起他的不满。渐渐地，两国关系恶化。巴比伦及其同盟军1000人包围了里姆辛弟弟和其他三位将军防守的拉尔萨北方首都马什干沙皮尔。里姆辛此时已约八十高龄，无法驰援，导致军心不稳、队伍涣散。由于害怕遭到袭击，号称40万大军的拉尔萨军队纷纷投诚或逃溃。四五天后，守城军宣布投降。次年，里姆辛致信喀塔那王和埃兰王求援，埃兰王病重，喀塔那王派去的使臣却被巴比伦截住。巴比伦对拉尔萨采取围攻，6个月后，城内弹尽粮绝，里姆辛随时可能沦为俘虏。

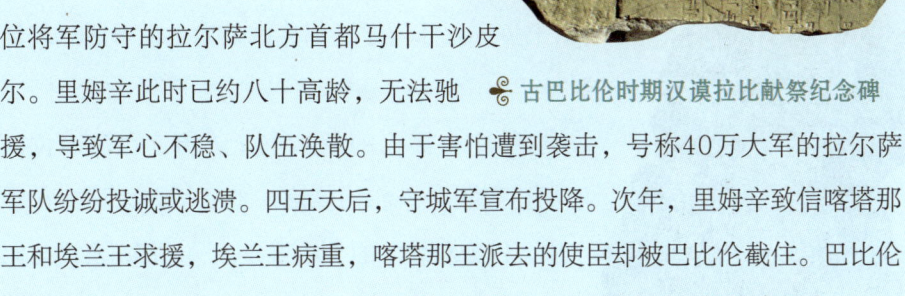
古巴比伦时期汉谟拉比献祭纪念碑

这时候的汉谟拉比，已经成为两河流域新的主人，控制了整个巴比伦尼亚。随后，汉谟拉比处处旗开得胜，先后拿下埃什嫩那的一些重镇、马瑞和亚述的部分地区，将马勒库、马瑞、尼尼微、埃什嫩那、伊什美达干等多个王国或地区都置于巴比伦的影响之下。

几年中，汉谟拉比持续与不同民族交战。具备杰出军事才能的汉谟拉比，屡屡取胜，统治势力已经到达巴比伦尼亚周边地区，北部和东部以托罗斯山脉和扎格罗斯山脉为界，南方和西方到达波斯湾和地中海。除了北方的亚述，他统治了美索不达米亚的大部分地区，成为最强大的国家，缔造起威震一时的巴比伦帝国。

他也为自己的累累战果感到骄傲，向臣民宣称他不仅是巴比伦地区的王，而且也是"四方之王""阿卡德—苏美尔之王""巴比伦之王"，并自谕"巴比伦的太阳"。他要求将战争成果体现在艺术作品中，下令制作了许多浮雕，记录和歌颂胜利的果实。

中央集权专制王权的确立

从阿卡德王国时期开始，两河流域的国王逐渐形成中央集权的统治方式，古巴比伦王国继续延续并巩固了这一统治手段，确立了古代两河流域地区专制国家的统治模式。王国统治诸多城邦，城邦的权力很小。每一位居民都对国王负责，任何罪行都会被认为是反对国王统治的罪行。

这种中央集权的专制主义统治，在汉谟拉比时期达到了一个新的高度，他将一切大权握在手中，国家和地方的大小事务，一切都由汉谟拉比说了算。具体表现在：

一、政治上，实行中央集权的专制制度。其官僚体系分为中央和地方两部分。国王大权在握，有任免地方官员、处理行政事务、监察臣属的权力；地方上，总督管理较大的地区，行政长官管理城市和较小地区。中央机构官员则由汉谟拉比亲信担任，分为宫廷官员和政府官员，宫廷官员主要负责管理王宫内事务，极少参与王宫以外的国家事务。政府官员则负责协助国王治理国家，处理日常政务，绝对服从于国王。官员的等级清晰，职责明确，汉谟拉比就在这一套完备的官僚体系支持下维持国家统治。

古巴比伦时期汉谟拉比题词残碑

第二章 古巴比伦王国

二、军事上,他建立常备军作为专制国家的重要保障。常备军主要驻守王宫、首都和边境地区。军队中除了步兵,还有重装步兵、战车兵等其他兵种。古巴比伦时期在军队执行伊尔库赋税制度,规定达到一定年龄的男性可从国家获得一块土地,同时必须承担兵役和劳役义务,平时土地上的男性及其家庭,依靠土地的收成维持生活,农闲时服劳役,负责农田灌溉、王宫神庙或城墙建筑和维护等,战时应征入伍。伊尔库制度是古巴比伦中央集权体制的核心,将军队作为专制统治的支柱,实现率军出征、开疆拓土。除了这些义务兵为主体之外,军队中还有部分雇佣兵。

三、在司法上,他颁布《汉谟拉比法典》,宣扬扶贫

版画《汉谟拉比庭审》

这幅画反映出汉谟拉比连鸡毛蒜皮的小事也要亲自决断,他将一切大权掌握在自己手中,国家和地方的大小事务全由他一个人说了算。

探索古文明 巴比伦

《汉谟拉比法典》石碑

法国卢浮宫博物馆馆藏。这尊石碑大约雕成于公元前1792年至公元前1750年，玄武岩材质，高225厘米，宽79厘米，厚47厘米，其上刻写了古巴比伦国王汉谟拉比颁布的《汉谟拉比法典》的具体条文，这是最具代表性的楔形文字法典。据史料记载，埃兰国王攻克巴比伦后，自感成就非凡，想在这尊石碑上刻上自己的丰功伟绩，便决定打磨掉文字。可是毁去部分文字后也没有重新刻写内容，这其中的原委成了历史之谜。

济弱的宗旨，加强统治阶级的权威。

四、在宗教上，国王利用宗教神化自己，宣扬君权神授，他自封为天神的后代，奉天神旨意掌管人间。在位40多年里，他花费大量人力、物力、财力修筑神庙、殿堂和塑造神像，加强宗教的威慑力。阿摩利人忠诚地相信国王是神。因此，国王对臣民的权力极大，成为凌驾于一切势力之上的最高权力所有者。国王需要的任何东西，臣民责无旁贷，竭尽全力地供应。

五、他的专制还体现在对经济的控制。国家对地方统一征收各种赋税，并且重视灌溉农业发展，统一修建和管理全国的水利工程设施，保护灌溉系统。汉谟拉比极其重视水利建设，他指挥开凿了沟通基什和波斯湾的运河。泥板文书记载，这条运河的开凿，使大片荒地成为千里沃野，南部许多城市永绝水患，农业得到大力发展，同时还带动了手工业和商业的发展。

从考古学家挖掘出的汉谟拉比与各地方行政长官的通信内容可以看出，汉谟拉比事必躬亲，即使是修建运河、修筑码头等地方事务，他也事事关心，任何事情都要得到他的批准才能实施。总之，汉谟拉比执政期

历史档案馆

长老会

在实行君主中央集权制之前，早期的巴比伦为了避免独裁专制，也为了防止王位继承中出现争位冲突，中央政府事务通常由中央及地方贵族和国王任命的大臣一起管理。在地方省市中，由长老或贵族组成的议会机构裁决，这对中央有相当的约束力。

长老会在政治上发挥着不可忽视的作用，他们最重要的职能是掌管司法。汉谟拉比统一巴比伦以后，长老会的职能有所缩小，但仍发挥着作用。汉谟拉比时期，西帕尔西区的长老会有权处置城里无主的田地，可以将其重新分配给无地平民或对国家做出贡献的人。

此外，长老会还有权推选城邦军事首领。军事首领和长老会之间形成一种既相互合作又相互制约的微妙关系。如果军事首领屡建战功，其威信与权力则增大，长老会对其约束力则下降，这时长老会就作为军事首领的咨询机构存在。反之，长老会则可推选新的军事首领。

城邦长老会可决定城邦的外交政策。他们可以决定是否与某个外邦结盟，也可以决定是以臣服的低姿态还是平等的方式与其结盟。此外，如果面临外邦挑衅，长老会还可以决定城邦是否应战。一旦决定参加战争，城邦就进入备战状态，积极筹备。

这种长老议事制度来源于原始氏族社会中家长共商大事、军事首长指挥战争的模式。长老会可以在很大程度上制约国王的权力，因而，国王在司法、军事、外交等工作上不得不遵从长老会的意见。

间，将一切大权掌握在自己手中。通过强有力的中央集权专制统治，他创造了一个西亚当时最大的政治、经济、文化中心，缔造了伟大的巴比伦帝国。

探索古文明 巴比伦

《汉谟拉比法典》

公元前 18 世纪

> 汉谟拉比雄才大略、功勋卓著,然而真正令他名垂青史,历经3000多年之久仍然家喻户晓的,是他颁布的《汉谟拉比法典》。这是司法文明发展历程中的关键一步,是有史以来第一次全国所有人遵守的同一部法律,也是宣扬王室权威的利器。

依神灵指示制定的法律

法律是国家强制权力的标志。在乌尔第三王朝时期,已经有《乌尔纳姆法典》,但《汉谟拉比法典》的完整程度远远超过前者。《汉谟拉比法典》是古代两河流域迄今为止发现的篇幅最长的文献之一,也是迄今所知最古老的、最完备的成文法典。

汉谟拉比声称,是诸神给了他启发要制定一部正式的法典。在这部著名法典的序言中,他说道:"当尊贵的天神安努、众神之王、(与)神恩利尔,天地之主和决定国运者,决定向马尔杜克神,恩基的长子、授予全人类的恩利尔(王)权,使他在神群中伟大,呼唤出巴比伦这一尊贵的名字,使它在万邦中脱颖而出,并为他(马尔杜克)在其中确立如天地之基般永久的王权,与此同时,提名我汉谟拉比、虔诚的王公、敬神之王,去使正义在国中光大,去消灭邪恶和罪行,去使强不凌弱,像太阳般照临黔首、照亮国王,天神安努(和)恩利尔为了使人民身心幸福,呼唤了我的名字。"

这段文字对汉谟拉比的神化和丰功伟绩的盛誉也是绝无仅有的。

《汉谟拉比法典》确实是法律文明发展中的关键一步，因为这一时期，奴隶制经济和商品贸易急速发展，土地私有制、奴隶私有制愈加完善，以及租佃雇佣关系、高利贷活动等都空前繁荣，对公正法律裁判的需求空前增强。在此之前，各地方长官会制定本地区适用的法律，因此可能出现偏袒和不公。汉谟拉比命令大臣收集苏美尔、阿卡德等城邦的法律条文，并加以修改完善，按照阿摩利人的习惯法，制定出一部法典。此后，又不断增补，诞生了《汉谟拉比法典》。这是有史以来让所有人共同遵守的同一部法律，在全国范围内实现了法律制度的统一。

《汉谟拉比法典》原石碑序言泥板

法典对罪行认定和惩罚手段都有详细描述，具体列出哪些行为被视为犯罪，诠释相应的行为会受到怎样的惩罚。一旦发生违法犯罪事件，政府官员将会积极进行追捕，对犯罪分子的惩罚也将成为公共事件。当时，死刑的使用频率很高，有一长串犯罪行为可能导致死刑，包括偷盗、在公共场所行为不端，等等。

《汉谟拉比法典》的首创还在于其"结束语"部分，这是此前的法典中都没有的。在结束语中，汉谟拉比再次强调君权神授，宣扬其法律的公正性："当伟大的众神呼唤我时，我成为保护（羊群）的牧人，其权杖是正直

探索古文明 巴比伦

◆《汉谟拉比法典》碑文（局部）

的。"汉谟拉比称，他创建这部法律，是为了让帝国内的每个人都有机会获得公正对待。他表示："让蒙冤欲诉之人来到我的雕像'公正之王'的面前！让他将我的碑铭反复阅读。"当时，奴隶和普通平民的识字率不高，法律的宣读与普及需要依靠书吏等专门人员，但普通人依然有权享受法律的厚待。如果他们认为自己被冤枉，可以向政府申诉，就能够接受与贵族、祭司一样的待遇。汉谟拉比对自己的法典信心坚定，他告诫后世王位继承者，必须严格遵守《汉谟拉比法典》，不得有任何更改，还对破坏法律的统治者留下了严苛、可怕的诅咒。

严厉的刑罚条文

法典颁布之后，汉谟拉比将其镌刻在石碑上、泥板上。知名度最高的《汉谟拉比法典》镌刻板，是在一块黑色玄武岩石柱上。石柱高2.25米，上周长1.65米，底部周长1.9米。石柱顶端雕刻的是太阳神沙马什和汉谟拉比，备受古巴比伦人崇拜的太阳神沙马什端坐宝座之上，汉谟拉比恭敬地站在他的面前，沙马什郑重地将象征执行法律权力的权杖和圆环交付给汉谟拉比。石刻图案的下方是法典全文，包括序言、正文和结语，采用楔形文字铭刻。

法典正文列出了282条法规和惩罚条例，在上述圆柱上的雕刻共52栏

4000余行，大约8000字，覆盖社会生活的方方面面：（1～5条）司法、（6～25条）刑法、（26～41条）公民权利义务法、（42～72条）田宅不动产法、（73～126条）借贷和管理法、（127～164条）婚姻法、（165～193条）继承收养法、（194～214条）伤害赔偿法、（215～240）职业服务和报酬法、（241～277条）关于耕牛牧畜及雇农和工匠的工资、（278～282条）奴隶买卖法。法典涉及的内容虽不完善，但范围却很宽泛。其中规定的社会等级差别、赋税义务、同态复仇原则等具有古代社会的典型特征。

法典是基于人们社会生活和谐平等，根据习俗进行的合理化汇编。条文中有些规定非常细致，包括一些现代人认为涉及个人隐私、家庭关系的范围，处罚手段严厉。例如，如果一个人导致另一个人失明，对犯罪者的惩罚就是也弄瞎他的眼睛；犯谋杀、抢劫和绑架罪，则应处以死刑；诬陷他人犯有谋杀等重罪，则将被处以死刑；接受赃物、入室抢劫、纵火、施巫术以及失职等罪行，也将被执行死刑。

有些罪行尚不足以处死，但罪犯仍然会受到严厉的惩处。火烧、火烙、鞭打和没收财产是非常常见的处罚措施。被处以流放几乎等同于执行死刑，因为在没有钱财和食物的情况下被迫远离家乡，存活的概率非常低。另外还有挖眼、割舌、割鼻、打断胳膊

> 《汉谟拉比法典》是美索不达米亚法律的集大成者，是法典编纂达到顶峰的标志。

古巴比伦时期女性雕像

沃尔特斯艺术博物馆馆藏。高9.3厘米，宽3.8厘米，厚2.7厘米。这是一尊站立的巴比伦女性雕像，这一类雕像在考古发掘中很常见，它们的身姿和神态多种多样。这尊雕像双手紧握于胸前，神态恭敬。据考古资料显示，这一类大规模存在的雕像应该是用来献祭的祭品。

或腿的处罚。总之，在今天看来，汉谟拉比时代的刑法非常重，犯罪成本很高，违法的后果相当严重。在当时，人们认为这样的量刑是非常得当的。

法典的惩罚措施也会根据一个人的社会阶层进行裁决：同样的行为，触犯的是较低阶层的成员，结果可能是较轻的惩罚；如果触犯的是较高阶层的成员，则会是较重的惩罚。惩罚系统因此巩固了当时的社会秩序。另外，兼顾经济状况，对穷人的罚金评估低于对富人的罚金评估。

在古代两河流域的多部法典中，《汉谟拉比法典》涵盖面最为广泛，可谓包罗万象，如同反映当时社会的百科全书。《汉谟拉比法典》标志着阿摩利人在文化建设上取得的巨大成就，两河流域进入了司法制度向世俗化发展的新时代。同时，《汉谟拉比法典》在世界法制史上占据着举足轻重的地位，它汲取苏美尔—阿卡德法制精神的精华，对后世西亚各国法律制定产生不可忽视的影响。

历史档案馆

《汉谟拉比法典》条文管窥

以下是《汉谟拉比法典》282条法律条文中的几条：

如果某人偷了属于神或王宫的贵重物品，这个人应被处死，从他那里接受赃物的人也应被处死。

如果某人偷了一头牛、一只羊、一头驴、一头猪或者一条船——如果物品属于神或者王宫，窃贼应支付30倍的赔偿；如果物品属于平民，窃贼应支付10倍的赔偿；如果窃贼无法支付赔偿金额，那么他应被处死。

如果某人协助一名王宫男奴隶或女奴隶、平民的男奴隶或女奴隶从主城门逃走，他应当被处死。

如果某人在野外抓住一名逃亡的男奴隶或女奴隶，并将其遣送回其主人，奴隶的主人应当奖励他两舍克勒（"舍克勒"是质量单位，约相当8.3克）银子。

阿维鲁、穆什根努与瓦尔杜

约公元前 1894—前 1595 年

> 人人生而平等的观念早已深入人心，然而在三四千年以前的古巴比伦王国，等级观念深入人心，《汉谟拉比法典》从法律角度高度捍卫和保障等级结构的合理性。人们的生老病死、婚丧嫁娶，都依身份等级分为三六九等，如果有谁想要实现等级的变更，那希望几乎为零。

等级分明的社会秩序

通过《汉谟拉比法典》等文献，我们可以窥见古巴比伦时期的基本社会结构。当时的社会结构体现出早期奴隶制社会的特点，国人分为三个等级：自由人（阿维鲁）、依附民或半自由人（穆什根努）和奴隶（瓦尔杜）。各等级之间在政治权利、财产权利和义务等方面存在严格的区别。

一、阿维鲁：直译为"男子"，指享有完全自由权的自由人。自由人中还存在等级差别，既有贵为统治阶级的贵族，也有普通平民。贵族坐拥土地、房屋、牲畜、奴隶、奢侈品等大量私有财产，他们或是享有世袭职位的王族、担任各级大官吏，或是担任高级祭祀、大商人。平民则包括自耕农、士兵和小手工业者等普通公民，他们拥有小块土地、房屋、牲畜、奴隶等一定财产，拥有国家分配的份地，也承担赋税义务，以及份地上的劳役和兵役。拥有土地是保持公民身份和阶级地位的必要条件，只要丧失土地，自由人也就失去了自己的等级地位。公民可以组成城镇或公社的公民大会，大会审理重要案件时参与陪审。

探索古文明 巴比伦

二、穆什根努：直译为"依附者"，是依赖于王室经济并为王室服务的人，主要是农业或牧业劳动者，也被称为依附民。他们的权利和义务相对较为模糊，可以拥有一些财产，但是没有自己的土地，没有完全的人身自由权和公民权利，没有国家赋税义务，但可以在公民大会上发言作证。他们的地位高于奴隶，但低于平民。穆什根努内部也有贫富之别，少数穆什根努因为为王室服务及耕种土地而变得富有，有一定的私人财产，甚至拥有一些奴隶。虽然穆什根努的地位低于阿维鲁，但因为他们与王室的利益关系密切，因此受到王室的保护和外人尊重。此外，大部分穆什根努都很贫穷，地位和生存状况不断恶化。

三、奴隶：男奴隶被称为"瓦尔杜"，女奴被称为"阿姆图"，本意为外邦的男人（女人）。奴隶地位处于最底层，没有人身自由权，他们和牲畜一样被视为奴隶主的私人财产，可以进行买卖、转让、交换、租借和赠送。根据法典记载，当时奴隶的价格一般为20舍克勒，但在实际交易中，价格因战争、供求以及奴隶的健康状况的不同而差异很大。大多数奴隶属于王室、神庙、大官吏和大商人，普通自由民拥有的奴隶一般是三五个，多者也不过十几个。法典保护奴隶主对奴隶的所有权，禁止奴隶的反抗。法典规定，拐骗或藏匿他人奴隶的，处以死刑；协助奴隶逃跑的，处以死刑；将逃跑的奴隶遣送给其主人

男性崇拜者石雕

美国纽约大都会艺术博物馆馆藏。高29.5厘米，宽12.9厘米，厚10厘米。这个站立的人物，双手紧握，瞪大眼睛，是一个崇拜者。它被放置在泰罗的大寺庙内，也许是献给神的祭品，以便表达其所代表的人的永久祈祷。类似的雕像有时会刻有统治者及其家人的名字。

女性崇拜者石雕

美国纽约大都会艺术博物馆馆藏。高24.9厘米，宽8.5厘米，厚5.4厘米。这尊雕像被发掘于尼普尔的苏美尔女神伊南娜神庙的地窖中，她双手抱在胸前，波浪形的头发由两条带子固定在脸颊两侧。左眼由青金石制成，衣服披在左肩上，边缘的两条切割线表示衣服的褶皱纹理，脚趾和脚踝清晰可见。

的，可获得奴隶主的经济奖励。奴隶一般产生于战争俘虏、市场买卖和债务抵押，三者之间，债务奴隶在权利义务上的地位高于战争与买卖奴隶。当时高利贷盛行，神庙、酒店等都可经营高利贷，负债的阿维鲁如无力偿还，则多选择出卖妻子、儿女抵债，从阿维鲁沦为债奴者，3年为限。

阿维鲁的上层和穆什根努的上层构成统治阶级，下层则构成被统治阶级。

高度稳定的等级分层

古巴比伦王国的社会等级体系十分严密，等级之间的流动性受到严格控制，贵族等级内部具有封闭性，掌权者通过世袭官僚制度、土地买卖制度和婚姻财产制度来确保其稳定性。

世袭官僚家族使得法官、书记、

土地测量官、祭司等重要官职，在相对固定的群体中流动。考古中发现的众多土地买卖合同证明，古巴比伦社会存在私人土地买卖行为，但是大块土地买卖行为基本都在贵族阶层中小范围内进行。婚姻财产制度同样严格地保障贵族家族的土地、财产利益。法典规定，女儿出嫁时，家族必须赠予一定数量的嫁妆，包括土地、房产、牲畜、生活用品等。出嫁女儿在世期间，嫁妆由丈夫管理，去世以后，则由儿子继承。如果该女性并未生育，去世后陪嫁财产则归还娘家所有。在以上制度的保障下，古巴比伦社会的贵族阶层基本呈封闭状态，流动性极低。

平民来源于古老的氏族传统，具有排外特点。阿维鲁身份的获得，与国家分配的份地紧密相关。《汉谟拉比法典》规定，份地不可买卖，因此，依附民和奴隶不可能通过购买份地获得身份等级的提升，低等级者也几乎不可能有机会获得阿维鲁身份。

依附民跳出本阶层的情况也不常见。史料中有穆什根努上升成为阿维鲁的记载，也存在破产的阿维鲁被降为穆什根努，成为依附民中比较富有的，也有平民因背负债务而降为奴隶的情况。可见严格的财产拥有量是等级流动的衡量标准。同时，它也限制了阶级的流动，从已发现的记载可知，跨等级的财产交易，尤其是土地买卖行为非常罕见。

根据法典规定，社会最底层的奴隶等级有一定的上升机会，他们摆脱身份的情况包括被自由人收养、为自由人生育子女等，当然，其封闭性也是极高的。债务奴隶原本是自由人，他们的奴隶身份是暂时的，因此等级流动相对顺畅，但要摆脱身份也需要满足有限的条件。

◆ 古巴比伦时期模印女神像

古巴比伦社会的等级身份具有世袭属性，贵族官僚后代世袭官职普遍存在。平民中，儿子有义务继承父亲的份地及份地所附带的兵役和劳役。穆什根努等级亦如此。奴隶身份的世袭问题在法典中有明确规定，如父母双方均为瓦尔杜，则子女为瓦尔杜；若母亲为瓦尔杜，父亲为阿维鲁，则子女可成为阿维鲁。在婚姻家庭关系上，存在父权、父权家长制的特点，法典赋予了父系家长类似奴隶主的权利。作为父亲的家长，可以将妻子、儿女卖为奴隶，也可以用他们抵债，使之成为债奴。当父亲杀害了他人子女，其子女须以命相抵。

> **历史档案馆**
>
> ## 古巴比伦的婚姻制度
>
> 古巴比伦的婚姻形态，在一夫一妻之外还存在着法律认可的其他形态，不同阶级间的婚姻关系体现着早期奴隶社会的阶级特色。
>
> 法典第146~147条写道："如果一个人娶了一个纳第图（女祭司），她给丈夫一个女仆，如果女仆生了孩子，并且以后在女主人面前显摆自己的地位，那么，由于她有生育，女主人无权卖掉她。但是，女主人应该给她打上奴隶的标记，让她和其他女仆在一起。如果女仆没有生孩子，那么女主人可以把她卖掉。"一个婚姻中的女人的前途命运取决于是否曾为丈夫生育子女。可见，在婚姻中，法律并不保护等级卑贱的一方，相反，处处彰显等级差异，这是婚姻中的等级不平等。此外，法典还展现了古巴比伦婚姻中的性别不平等。法典第132~133条写道："如果一个人的妻子因为另一个男人的缘故受到指责，但没有被抓到同另一个男人睡觉，那么，为了她的丈夫，她应接受河神审判。如果一个人被俘，但他家里有吃的，那么，他妻子在丈夫被俘期间应始终自我节制，不得改嫁。如果哪个女人不自我节制，改嫁到了别人家里，那么，应证实那女人有罪，把她扔进水中。"
>
> 而关于男性在婚姻中不忠行为的法规则寥寥无几，并且处罚力度远远小于对女性的处罚。

探索古文明 巴比伦

古巴比伦时期是古代美索不达米亚平原发展的关键转折期。这个阶段，中央集权政治统治秩序确立，社会等级秩序形成，为此后一千余年间两河流域历史发展的主要面貌奠定了坚实的基础。

第二章 古巴比伦王国

🌀 古巴比伦的婚姻市场绘画

在古巴比伦家庭中，法典规定父权至上，父亲可以将妻子、儿女卖为奴隶，他不但在子女的婚姻问题上拥有绝对的权力，即便是他们的生死也只需他一句话就能决定。

探索古文明 巴比伦

最长的王朝——加喜特王朝

约公元前 1595—前 1158 年

赫梯人闪电般地占领巴比伦城之后，又因为本国内乱旋风般地撤出，两河流域南部地区处于群龙无首的状态，天赐良机，让一直盘旋于巴比伦边缘的加喜特人有机可乘，他们在巴比伦城建立起了加喜特王朝，史称中巴比伦王国。加喜特王朝前后维持稳定的统治达400余年，是古代两河流域历史上统治时间最长的王朝。

长治久安

公元前1732年，与古巴比伦王国同时期，另一支阿摩利人首领伊鲁姆玛伊利在两河流域南端原来苏美尔南部的地方建立了海国王朝，虽然海国王朝从未占领过巴比伦城，但历史上将其称为"巴比伦第二王朝"。所以，加喜

加喜特王朝国王库瑞伽勒朱一世题名的玛瑙珠子

美国纽约大都会艺术博物馆馆藏。约于公元前14世纪被制成，高2.5厘米，宽2.4厘米，厚1.3厘米。在美索不达米亚的历史中发现了由天然玛瑙制成的眼状石珠。至少在公元前3000年末，统治者开始在这些石头上雕刻文字，并将它们奉献给众神。这些珠子有些会在侧面打孔，穿起来可作为珠宝的一部分。这些珠子无论作为饰品还是其他用途，它们的眼睛外观是其意义的重要因素。

第二章 古巴比伦王国

> **加喜特王朝黄金密封印章**
>
> 美国纽约大都会艺术博物馆馆藏。制成于公元前17世纪到公元前16世纪,高3.61厘米。这个印章是在巴比伦以南的古城迪尔巴特埋藏的一组黄金首饰的一部分,其侧面装饰着三角形的黄金颗粒。印章顶部的一个孔表明其可以被串联。尽管这类印章很少被保存下来,但是圆柱形印章的印记显示出三角的形状,这表明在当时诸如此类的印章很受欢迎。

特王朝在历史上还被称为"巴比伦第三王朝"。

关于加喜特人的来源,在历史上同样是一个谜,不过很多研究者认为,加喜特人发源于扎格罗斯山区。但是,他们如何迅速地建立起大帝国,现有的史料尚无详细记载。加喜特人最早出现在历史记载中,是公元前18世纪左右。在巴比伦帝国时期,他们迁徙到两河流域南部,居住在巴比伦城周边,从事农业生产。因为正好满足了当地农业生产对于劳动力的需求,加喜特人以及其他新移民受到极大的欢迎。有些人作为雇佣兵加入巴比伦军队,还有些加喜特人时常骚扰巴比伦城边境。

公元前1595年,赫梯人攻陷巴比伦城并闪电般撤离之后,加喜特国王阿古姆二世取得了巴比伦城的统治权。公元前1570年至公元前1170年,加喜特人作为部落首领建立起了自己的统治,逐渐控制了两河流域的大片地区。

加喜特王朝最显著的特点,就是统治期格外长,这是巴比伦尼亚一个长期稳定发展的阶段。如将加喜特人作为部落首领统治巴比伦地区的时间涵盖在内,王朝前后存在576年之久。即使将这一时期除去,从约公元前1595年后的几年至约公元前1155年,王朝统治时期仍然维持了400余年。总之,加喜特王朝是古代两河流域历史上统治时期最长的王朝。这是美索不达米亚平

探索古文明 巴比伦

原历史上的转折期，周边各地的民族开始迁徙进来，包括来自东南欧的民族，也有来自印度和远东的民族。这一时期，人们开始乘坐使用马作畜力拉的大车或货车，大大提高了行进的速度和往来交流的效率。在稳定的发展时期，加喜特人因沿袭了古巴比伦

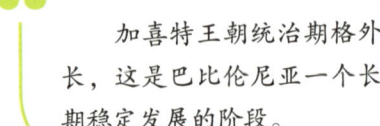

> 加喜特王朝统治期格外长，这是巴比伦尼亚一个长期稳定发展的阶段。

的文化传统，继承阿卡德文字，供奉其宗教神灵，使古巴比伦的文化命脉得以延续。

强国外交

在这几百年间，加喜特人曾一度控制亚述人，征服美索不达米亚东南部的埃兰和苏萨两个城邦。最终，加喜特王朝、埃及新王国与赫梯王国发展成近东地区的三大强国，相互之间建立了友好的外交关系。

在西北方向，为了促进发展，加喜特致力于重建、恢复古代贸易商道，与埃及、北非建立长期友好往来关系和长途贸易联系。在南方，中巴比伦王国重新打通海湾贸易通道，将两河流域最南端的海国地区纳入版图。在东北部，有一条连接巴比伦地区与伊朗高原及其东部的道路——迪亚拉贸易通道，加喜特王赠予外国统治者的礼物——产自阿富汗的青金

被埃兰国王夺取的巴比伦石碑

法国卢浮宫博物馆馆藏。苏萨王朝时期，埃兰王国曾一度成为军事强国，国王舒特鲁克那洪特击败加喜特王朝巴比伦王国，将著名的《汉谟拉比法典》石柱及许多珍宝掠夺到埃兰，这块石碑就是其中之一。

石，就是通过这条商道运到巴比伦城。后来，在希腊半岛的忒拜出土了这一时期制作的青金石印章，证明加喜特王朝通往地中海的海上、陆地交通要道均是畅通的。为了保障迪亚拉贸易通道的安全、畅通，加喜特国王多管齐下。其中，库瑞伽勒朱一世兴建了新城库瑞伽勒朱要塞，以阻隔亚述人和埃兰人的侵扰。该新城位于今巴格达城附近的阿卡尔库夫遗址，遗址残留的多级塔庙因岁月的侵蚀而呈现奇怪的蘑菇形状，至今仍然是标志性建筑。

布尔那布瑞亚什二世（公元前1359—前1333年在位）时期，是中巴比伦王国外交活动最为活跃的时期之一，他与埃及法老之间通信往来频繁。在埃及阿马尔纳曾发现大批泥板文献，是公元前1385年至公元前1355年间，埃及法老与当时西亚各国国王之间往来的书信，被称为阿马尔纳书信集。其中，与布尔那布瑞亚什二世往来的书信占据了相当大的篇幅。书信中，布尔那布瑞亚什二世与埃及法老互致问候，商讨国际事务，还毫无顾忌地索要礼物，表明二人之间保持着较为密切的关系。当时，周边国

埃兰女性崇拜者雕像

家的发展态势构成二人通信的主要内容，尤其是亚述国家欣欣向荣之势，已经引起布尔那布瑞亚什二世的注意，他开始意识到亚述的崛起可能对加喜特王朝的强国地位构成威胁，因此，希望借助现有影响力将其扼杀在摇篮中。可是，亚述国家的崛起已经势不可挡。从此，亚述与巴比伦城的关系，开始成为古代两河流域历史发展的一条主线。

王朝覆灭

加喜特王朝虽然一方面对亚述的崛起心存戒备，另一方面也不得不与

探索古文明 巴比伦

🎐 黏土獒

美国纽约大都会艺术博物馆馆藏。约制成于公元前2世纪中叶。狗经常出现在美索不达米亚的艺术品中，并且在公元前2000年左右尤其受欢迎。这只黏土獒的内部是空心的，其身体上保留了多色的痕迹，并在其眼睛中保留了嵌体。额头有皱纹，鼻子、牙齿和肌肉都经过精心处理。编织项圈围绕着狗的颈部，其尾部围绕其右后腿折叠。它顶部有一个洞，类似于当时的印章雕刻。在古代巴比伦地区，狗经常与愈合女神古拉有关。这只獒保持一种注视的姿势，或为守护者或旗手形象。

其建立良好关系。在巴比伦爆发宫廷政变之时，亚述国王还出兵协助镇压叛乱，扶持新王上位。

但从此以后，伴随着双方关系的恶化，亚述与巴比伦边境纠纷不断，边境线多次发生变化。在接连不断的摩擦和纠纷中，巴比伦日益衰落，亚述人乘势侵袭，甚至一度控制加喜特王朝。但由于在亚述王图库尔提尼努尔塔一世统治晚期，亚述发生宫廷政变，加喜特人得以重获巴比伦地区的统治权，并且控制亚述。但是，历经与亚述的多次争斗，联合亚述打压阿拉米人等一系列波折，加喜特王朝走下坡路的颓势已无力挽回。最终，约公元前1158年，两河流域国家的宿敌埃兰人，在中巴比伦王国的东部边境发动大规模袭击，废黜并俘虏在位的国王，洗劫整个中巴比伦王国，掠夺了《汉谟拉比法典》石碑、那拉姆辛凯旋碑等大量战利品。随后，加喜特末王领导反抗埃兰人统治，以失败告终，历经400多年的巴比伦第三王朝就此灭亡。

🎐 埃兰人的头盔

第二章 古巴比伦王国

此后数百年,巴比伦尼亚这片土地始终处于分裂与混乱之中,先后兴起了伊新第二王朝、海国第二王朝和巴兰王朝,同时还有一些小国并存。约公元前11世纪以来,巴比伦地区再次遭到外来民族的入侵。公元前8世纪中期,阿拉米人入侵,并在巴比伦尼亚建立统治。直到公元前7世纪中晚期,巴比伦地区才重新统一在新巴比伦帝国的统治之下。

一篇关于国王的铭文

这是一篇加喜特国王阿古姆卡克瑞姆存放在巴比伦神庙的铭文。

阿古姆卡克瑞姆在赫梯撤离之后夺下巴比伦统治权,开启加喜特王国统治巴比伦地区的篇章,他曾经在公元前1570年前后,把马尔杜克神及其妻扎尔帕尼特神的雕像带回巴比伦,并因此而备受赞誉。传说,第一位加喜特王甘达什在统治期间入侵巴比伦,虽然袭击失败,但是他带走了这两座重要的雕像。如今,阿古姆卡克瑞姆将这两座雕像修复完好,回归巴比伦城的神庙,对巴比伦人来说意义重大。

铭文记载了国王代表马尔杜克神和他的配偶扎尔帕尼特所取得的成就,国王通过强调他的君权神授及其王室出身,来宣扬自己的伟大:

"我是阿古姆卡克瑞姆,塔什什古鲁马什之子,舒卡姆纳神杰出的后代,安努和贝尔、埃阿和马尔杜克、辛和沙马什召唤的人……诸女神中间的战士。

"我是一个智慧而谨慎的国王,一个给予倾听和宽恕的国王,塔什什古鲁马什之子,阿比鲁马什的后代,计谋多端的战士,伟大的阿古姆无数家庭中的头生子,紧握国家之缰绳的杰出的王室后裔,强大的牧者……

"我是喀什舒国和阿卡德人的国王,在阿什努纳克安置了无数民众的巴比伦广阔之地的国王,帕丹和阿尔曼之王,愚蠢的民族库提人之王,令四方屈服、总是伟大的众神所喜爱的国王。"

探索古文明 巴比伦

不可一世的亚述帝国

约公元前 2000—前 612 年

> 权力的更替总是一个无休止的循环，在美索不达米亚平原同样如此，没有一个民族或一个王国可以永久地高居权力的顶峰。当加喜特王朝岁月静好，国君与埃及法老通信互致问候时，他们难以预料，200年后，当时默默无闻的亚述民族将把加喜特王朝推向末路。他们更无法预知，600多年后，亚述帝国的爪牙将一度伸向埃及，成为雄踞西亚的庞大帝国。

悄然崛起

从公元前2000年开始，两河流域南部在西亚地区一枝独秀的风采不再，两河流域南部、安纳托利亚高原地区逐渐出现其他较成熟的势力，先后与两河流域争夺地区霸权和贸易主导的地位。其中，亚述王国的出现最为重要。

在两河流域文明中，亚述可谓历史延续最完整的国家。但在这期间，亚述也经历了盛极而衰，衰而再盛的几番反复循环，有时强大到叱咤西亚，有时则沦为他国属地。历史上一般将亚述帝国的发展分为三个时期：古亚述时期（约公元前2000—前1750年）、中亚述时期（约公元前1400—前1050年）、新亚述时期（公元前934—前612年）。新亚述时期也就是亚述民族如日中天，发展扩张成为亚述帝国的阶段。

公元前2000年左右，位于底格里斯河中游西岸的阿舒尔城邦兴起。这里是亚述国家最早的统治核心，是亚述人的主神阿舒尔神崇拜的中心，也是后来亚述地区名称的来源。公元前21世纪至前20世纪，亚述地区处于乌尔第三

第二章 古巴比伦王国

王朝的统治之下。乌尔第三王朝覆灭后,由于在与安纳托利亚地区、波斯湾地区的贸易中获利丰厚,且地位巩固,公元前19世纪前后,阿舒尔成为两河流域主要的城邦争霸势力。

公元前19世纪末,阿摩利人沙姆西阿达德一世夺取阿舒尔王位,向两河流域扩张,并以阿舒尔城为中心建立专制王国。沙姆西阿达德一世统治的鼎盛时期,王国领土包括哈布尔河源头,幼发拉底河及底格里斯河的中游,扎格罗斯山脉部分地区以及埃兰北部。关于古亚述时期后的近300年时间里史料极度匮乏,亚述地区很可能先后沦为加喜特巴比伦和米坦尼王国的附属。

直到公元前14世纪,亚述王阿舒尔乌巴里特一世在位时期发动对东部山区的进攻,打败了穆茨如人,巩固了统治,壮大了实力,由此正式进入地区强国之列,与赫梯帝国、巴比伦和埃及平起平坐。此时的亚述强大到甚至可以干涉巴比伦的内政。阿舒尔乌巴里特一世将女儿嫁给了加喜特巴比伦国王,其外孙成了下一任巴比伦国王。后来巴比伦发生了叛乱,国王被杀,阿舒尔乌巴里特一世出兵平叛后,立自己的曾外孙为巴比伦王。

接下来亚述的军队继续作战,打败了胡里人、图如库人和库提人等,在阿达德尼腊瑞一世时期向西大败米坦尼,将其国王掳到阿舒尔,使其臣服。巴比伦新王那孜穆如塔什与阿达德尼腊瑞同年继位,双方发生边境冲突,巴

亚述王阿舒尔纳西尔帕二世浮雕

英国不列颠博物馆馆藏。来自伊拉克现代尼尼微省尼姆鲁德的尼努尔塔寺,雕刻于公元前9世纪左右。国王仰视的方向,有日月星辰状的标志,有人认为这尊浮雕所描述的画面与自然现象有关。

87

比伦被再次打败。

公元前13世纪下半叶，沙勒马那沙尔一世和图库勒提尼努尔塔一世统治时期，国力进一步增强，他对中亚述版图有了新的期待，希望统治整个美索不达米亚。图库勒提尼努尔塔一世曾率军跨过幼发拉底河袭击赫梯人的统治区域。据记载，他曾在一场战役中俘虏28000多人。在他统治期间，亚述王国的势力从叙利亚东北部扩展到了两河流域南部。图库勒提尼努尔塔一世的另一项功绩，是建设了一座名叫卡尔图库勒提尼努尔塔的全新城市，并迁都。新城与阿舒尔隔底格里斯河相望，距离阿舒尔仅3000米，占

亚述时期的壁画

第二章 古巴比伦王国

地约0.6平方千米。新城建设耗资巨大。图库勒提尼努尔塔一世统治末期，由于权力争夺，亚述爆发激烈的宫廷内斗，国家陷入内乱。

大约一个世纪以后，提格拉特皮莱塞尔一世掌权后，中亚述王国经历短暂复兴。他是一名强势的军事领袖，统治期间，他东征西讨、开拓疆域，并建立起一支训练有素的军队，带领军队与扎格罗斯山脉的部落作战，与居住在现代叙利亚南部的阿拉米人作战，他从阿拉米人手中获取的领土最远到达地中海。提格拉特皮莱塞尔一世也是一位优秀的管理者，在位期间，他着重发展农业经济，亚述生产的蔬果谷物不仅有充分的库存，而且远销外地；还与海上民族腓尼基人达成贸易合约，购入奴隶、木材、玻璃和染料，同时输出银、锡和其他金属。

提格拉特皮莱塞尔一世和他的儿子阿舒尔拜勒卡拉统治之后，亚述再度衰落，其势力范围一直局限于阿舒尔和尼尼微一带的亚述核心地区。

帝国纵横

经过100多年的沉寂，从阿舒尔丹二世（公元前934—前912年在位）开始，亚述地区重回历史视野，进入新亚述时期。亚述王国经过阿舒尔丹二世、阿达德尼腊瑞二世（公元前911—前884年在位）和阿舒尔纳西尔帕二世（公元前883—前859年在位）3位国王，着手国家重建，收复失地，巩固

🌿 **人物群像泥板**

美国纽约大都会艺术博物馆馆藏。这块泥板是一份记录交易的文件，描述了一起纠纷的法庭证词。泥板表面有两个不同的滚印的印记。两个印记都显示了崇拜者朝向一个地位更高的人，可能是一个神，手里拿着一个杯子。在这块泥板上，坐着的神灵和牛人的游行都具有美索不达米亚的艺术特征，如尖锐的手指，是典型的古亚述风格。这种艺术风格是两个区域之间文化相互作用而产生的艺术创新的典范。

统治，走出低谷。然后，经过大规模对外扩张，建立起庞大帝国，走向鼎盛。历时300多年的亚述帝国，终于可以说实现了中亚述时期图库勒提尼努尔塔一世的愿望，统治范围囊括整个美索不达米亚平原，甚至远远超出其范围。其领土范围北起安纳托利亚东南部，南至波斯湾沿岸，西达尼罗河下游，东到伊朗高原西南部。

在阿舒尔纳西尔帕二世统治时期，亚述国家已经成为名副其实的西亚强国。当时，首都卡拉赫（今伊拉克尼姆鲁德）的王宫就充分体现出亚述国家强大的对外影响力与文化融合程度。卡拉赫城是阿舒尔纳西尔帕二世为了离开有太多国王统治和亡故的旧城而新建的首都。王宫内的壁画、铭文描述了亚述王对外征战的情形，其建筑材料的选择、艺术风格则多表现出亚述文化的多元特征。除了宏伟壮丽的宫殿，长达8千米的城墙、供水灌溉的运河、神庙建筑等均耗费了大量的人力、物力、财力。王宫落成后，阿舒尔纳西尔帕二世举行了长达10天的盛大的庆祝宴会招待全体居民和外国使节。据史料记载，他要求为宴会准备的物资包括1000头肥牛的头，1000头牛犊，10000只羊圈中的羊，15000只小羊……1000只春天生的小羊，500只牡鹿，500只小羚羊，1000只鸭子，500只鹅……

提格拉特皮莱塞尔三世（公元前744—前727年在位）、萨尔贡二世（公元前722—前705年在位）、辛纳赫里布

❦ 新亚述时期国王阿舒尔纳西尔帕二世雕像

（公元前704—前681年在位）先后继承执行扩张政策，将手伸至南部的巴比伦尼亚，一度占领巴比伦城，并巩固帝国在巴比伦的势力。从埃萨尔哈顿（公元前680—前669年在位）开始，则开辟新天地，将目标转至埃及。埃萨尔哈顿甚至在对抗埃及的战场上阵亡。其继承人阿舒尔巴尼帕（公元前668年—约公元前627年在位）则一举结束埃及第25王朝的统治。亚述帝国曾经历多次迁都。阿舒尔纳西尔帕二世开始，为了离开阿舒尔这座有太多国王统治和亡故的旧都，在卡拉赫城新造都城。尽管已有阿舒尔和卡拉赫城，萨尔贡二世还是下令新造杜尔沙鲁金，或叫作萨尔贡堡。萨尔贡二世的儿子辛纳赫里布继位后，萨尔贡堡接近完工，但他决定迁回老首都阿舒尔，后来在公元前701年，再次迁都尼尼微，并将其一直作为亚述的首都直到帝国灭亡。每一次迁都都伴随着难以想象的巨额财富的消耗。

从萨尔贡二世至阿舒尔巴尼帕统治时期，亚述帝国达到鼎盛，国家领土面积空前庞大，横据整个西亚乃至北非部分地区。

也正是在这个时候，亚述帝国常年征战、急剧扩张的弊病开始爆发——国内政局动荡，边境战事频频告急。公元前612年，米堤亚和迦勒底联军攻陷尼尼微，新城卡拉赫也在大火中被毁于一旦，风云一时的亚述帝国走向灭亡。两年后，受到埃及法老支持的亚述残余势力被剿灭。自此，这个曾不可一世的帝国在历史长河中彻底消失。亚述民族仍然在祖先纵横开拓过的土地上生活至今，却再也无法重振当年的雄风。

帝国统治

帝国时期的亚述因幅员辽阔，人口众多，民族多元，所以相比早年的城邦和王国，其统治方式与统治结构也具备一定的独特性。

第一，君王权力进一步极权化。亚述帝国的国王集所有大权于一身，掌握全国臣民的生杀予夺大权。国王通过各种方式宣扬文治武功，树立自己的权威。流传至今的碑铭、壁画、档案馆无一不展示着国王的战争风姿,记载着主持宗教祭祀仪式的场景和文字。在这些宣传手段中,国王不仅是战无不胜的武士和优秀的猎手,更是天文地理无一不通的全才。同时,亚述帝国也建立了严格的王储教育、选拔体系,确保为帝国的王位培养理想的接班人。

第二,稳定和改革贵族阶层的特权地位。自古亚述起,亚述就采用名年官制度,来自权贵家庭的名年官在国家政治生活中发挥重大作用。本来国王无权参与名年官选拔,但到了中亚述末期,国王开始出现在名年官序列中,这一制度发生了变化。到了亚述帝国时期,名年官制度得到延续,并且遵循中亚述以来国王本人参与名年官遴选的政策。同时,国王开始培养亚述新贵,以维持势力平衡,保持政局稳定。改革从提格拉特皮莱塞尔三世开始,他废除贵族拥有和继承土地及其他财富的权利,废除传统地方官员世袭制度,逐年选拔任命官员,由帝国中央政府直接管理地方事务。在辛那赫里布时期,新老贵族交替基本完成,亚述帝国的贵族阶层趋于稳定。

第三,建立内外有别的管理机制。这是一项在后来几百年间被各帝国广泛采用的政策。亚述国王将帝国划分为两块,政策各不相同,

第二章 古巴比伦王国

一部分是帝国核心区,主要是扎格罗斯山脉和幼发拉底河之间的领土,这是"阿舒尔神的领土"。官员由国王直接任命,居民负责供给阿舒尔神庙的日常需求,供给阿舒尔神所驻的阿舒尔城内劳动力日常所需,供给国家官员的日常所需。亚述地区以外的区域被称为"阿舒尔治下的领土",居民并非亚述人,各地方统治者掌握地方权力,但属于亚述的附庸。附属国需向亚述国王上缴昂贵的金银贡品,供宫廷奢侈的日常开销和居高不下的军费开支。附属国的贡赋负担异常沉重。在提格拉特皮莱塞尔三世改革以后,被划为"阿舒尔神的领土"日见增多,减轻了附属国的贡赋负担,其实也是在推进亚述化进程。

第四,建立强大的军队体系。亚述军队的成员是职业军人,训练严格、纪律严明,并且通过军功奖赏鼓励军人奉献,大大提高了军官的地位。公元前9

新亚述时期国王辛纳赫里布所建造的运河系统的部分遗址

探索古文明 巴比伦

> 正是有了这些士兵的冲锋陷阵，才有了亚述帝国雄踞亚洲的辉煌。

世纪正是帝国鼎盛时期，国王在西部战场每年可投入士兵达12万人，数量相当庞大。有步兵，骑兵，配备铁盾牌手及弓箭手的马拉战车，有大型的铁质攻城车，用铁皮包裹的攻城槌头，所向披靡。同时，还建立起有效的道路交通通信系统，保证军队行动、信息传达、政令传达畅通无阻。这些道路体系后来还被波斯阿黑门尼德王朝沿用。

与此同时，亚述帝国时期建立了严格的社会等级制度，以维护统治、稳定社会秩序。

整个社会等级呈金字塔状，高居金字塔顶端的，毫无疑问是国王。其下是宫廷及政府高级官员、各行省行政长官及其家庭成员，他们是贵族等级，享有众多特权，拥有大量土地，享有受教育机会（包括妇女），有入仕机会，贵族妇女还有机会进入王室，成为王后及妃嫔。

其次是亚述的知识分子阶层。这一等级成员比较庞大，通常从事记账员、书记员、医生及商人等职业，其中也包括女性。知识分子阶层可能拥有土地，也可能租佃国家或神庙所有的土地进行种植。但不同于贵族阶层的是，他们必须承担纳税、兵役、劳役等国家义务。

中下层平民占亚述社会结构中的绝大多数，他们是亚

记录行军的浮雕

英国不列颠博物馆馆藏。这块浮雕清晰地记录了新亚述时期，一次战争途中亚述士兵的行军状况，步兵在前，骑兵在后。可以看出，骑兵的武器装备除了长枪，还有其他装备。

述庞大的军队规模的主要构成人员,他们没有自己的土地,靠租种国有、王室、神庙或贵族庄园的土地维持生计,也有一些在城市中从事雇佣劳动。

社会最底层是奴隶,他们主要分布在国有、神庙和私人所有的产业中,其来源多数为战俘,少数为债务奴隶。奴隶从事的工作主要是粗重或危险的劳动,有些拥有特殊技能的奴隶可获得一定报酬,但是极少有奴隶能够获得自由。

自进入公元前1000年以来,古代西亚地区政治生态进入新时期,帝国征服与政治成为主旋律。在亚述帝国之后,先后迎来新巴比伦帝国、波斯阿黑门尼德帝国,伴随着帝国交替崛起和扩张,古代西亚文明走向鼎盛时期。亚述帝国创建了早期帝国雏形,其施行的对外扩张、迁民垦殖、道路交通体系等均被后来的帝国所沿用,成为新兴帝国确立统一秩序的重要手段。

中亚述时期女性的社会地位

从中亚述王国时期的法律文献中,我们可以窥见当时的社会面貌。

当时的法律对民事问题非常关注,尤其是针对妇女制定了详细的伦理与行为规范。中亚述时期的社会具有严格的父权制特征,妇女完全受父亲、兄长、丈夫的控制,妇女的婚姻由父亲决定,父亲可以直接与未来女婿缔结婚约。亚述社会奉行一夫多妻制。高等级社会女性的生活比较封闭,大部分时候女人都是经年在家等待在外经商或作战的丈夫归来,外面的公共社交场所是属于男人的。她们可以出门,但是必须以面纱蒙面。同时面纱也是区分身份的标志,妓女禁止佩戴面纱,违者将被处死。

大国缔造者们

公元前 934—前 612 年

公元前10世纪上半叶，亚述帝国国境北起安纳托利亚东南部，南至波斯湾沿岸，西达尼罗河下游，东到伊朗高原西南部，囊括了整个美索不达米亚平原在内的整个西亚和北非部分地区，成为世界史上第一个军事帝国。这一铁血帝国的打造，背后是多位赫赫有名的铁腕君主金戈铁马、纵横沙场的征服历程。

"真正的王"——萨尔贡二世

新亚述时期的国王大多热衷征战，阿舒尔纳西尔帕二世兴建的新王宫中描绘着他征战的情形。其子沙尔曼纳萨尔三世（约公元前858—前824年在位）当政34年，其中有31年在战争中度过。提格拉特皮莱塞尔三世统治期间，将扩张的爪牙伸向巴比伦地区，一度占领巴比伦城，他也着手建立了可谓当时世界

萨尔贡二世与他的将领

法国卢浮宫博物馆馆藏。萨尔贡二世跟他先前的继任国王一样，既热衷于征伐四方，又醉心于宣扬自己的功绩，后世发掘有大量浮雕就是记录他生活中的诸多细节，这块浮雕记录的是他和他的一名将领。

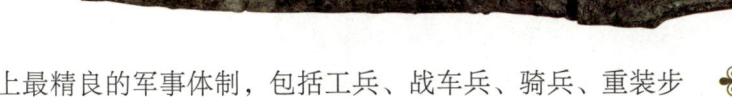

上最精良的军事体制，包括工兵、战车兵、骑兵、重装步兵、攻城兵、辎重兵等多个兵种。

当萨尔贡二世（约公元前722—前705年在位）从前任王手中接过王位接力棒，他大大推动了亚述帝国进入鼎盛时期。萨尔贡二世是提格拉特皮莱塞尔三世的第三子，其兄长沙尔马内塞尔因与神庙祭司集团发生利益冲突，被后者暗杀。父亲死后，萨尔贡二世继承王位。他本名"沙鲁金"，意为"正义之王"。萨尔贡二世选择这个名字，也表达了他效仿阿卡德的萨尔贡大帝的雄心，后者被誉为美索不达米亚最伟大的国王之一。在位期间，他改变以往片面支持军事官僚贵族集团的政策，大量授予城市自治权，以此笼络神庙祭司，因此建立起以军事官僚贵族和神庙祭司为支柱的专制王权。上位之初，萨尔贡二世希望给自己的臣民带来和平与富足。然而在位期间，也许是受美索不达米亚平原的形势所驱，他征服他国，新建都城，带给臣民的是无止境的战争与赋税。

提格拉特皮莱塞尔三世第11年，臣服于亚述的巴比伦发生政变，迦勒底首领穆金再尔登上王位，拒绝继续臣服

✤ 中亚述时期的青铜匕首

英国不列颠博物馆馆藏。亚述人之所以醉心于军事征伐，且能取得辉煌战绩，这除了他们生性勇武好战之外，还与他们精良的武器密不可分。

探索古文明 巴比伦

▶ 新亚述时期萨尔贡二世狩猎浮雕

英国不列颠博物馆馆藏。萨尔贡二世在政治中手段强硬，在战场上英勇无比，在战场之外，他时常以狩猎的方式来显示自己强大的武力，这块浮雕记录的就是他的一次狩猎活动。

于亚述。提格拉特皮莱塞尔三世于是出兵斩杀了穆金再尔和他的儿子，亲自就任巴比伦王。几年的王位斗争之后，萨尔贡二世登基为王，迦勒底人首领乘亚述王位更迭之机在埃兰的支持下自立为王。萨尔贡二世与埃兰迦勒底联军展开会战，无功而返。迦勒底首领米罗达巴拉丹得以统治巴比伦，直到11年后萨尔贡二世再次发兵，米罗达巴拉丹兵败投降，从此打消了不臣之心，效忠于萨尔贡二世。

亚述的历代国王对待被征服地区采取"抢光、烧光、杀光"的"三光"政策，手段极其残暴。萨尔贡二世在其戎马一生中对先人的政策做了一些改变，他对被征服地区采取强制移民政策，诱使其放弃反抗。进攻耶路撒冷时，其将领拉博沙基就向城里的居民喊话："你们要与我和好，出来投降，每个人就可以吃自己的葡萄树和无花果的果子，喝自己井里的水。等我来领你们去一个新的地方，那里和你们的本地一样，有五谷和新酒之地，有粮食和葡萄之地，有橄榄树和蜂蜜之地，好使你们存活，不至于死。"但战败国的人们往往不相信这些承诺，背井离乡对他们来说不啻于巨大的灾难。因此，他们往往死守家园。

第二章 古巴比伦王国

🐝 **亚述礼仪腰带**

底特律美术馆馆藏。制成于公元前850—前650年，青铜材质。约公元前729年，亚述帝国征服了古巴比伦王国，并统治了两河流域南部，居住于此的迦勒底人多次起来反抗，都未能成功。直至公元前626年，亚述统治者阿舒尔巴尼帕的去世，致使帝国政局不稳，迦勒底人才开始摆脱亚述统治的阴影。

如果他们负隅顽抗，等待他们的就是残酷的杀戮。亚述军队会把壮丁全部杀死，把村庄焚烧干净，把妇女儿童作为战俘迁往外地，沦为王室的奴隶。

为了满足连年征战的需要，萨尔贡二世不得不持续征兵、征税。为加强统治，他将亚述划分为70个省，每个省都有自己的总督管理，总督直接向萨尔贡二世汇报，负责维持地方治安，收取赋税，为国王军队招募士兵。当然，征税也并非仅仅为了满足作战需求。由于萨尔贡二世不满意古都阿舒尔和新都卡拉赫，意图再次迁都。他下令建造新的王宫和城市，取名为杜尔

探索古文明 巴比伦

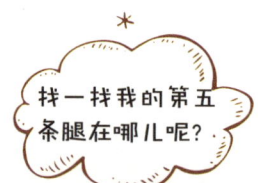

亚述守护神拉马苏雕像

芝加哥大学东方研究所博物馆馆藏。这是位于新亚述时期王宫门口的人首牛身、长有翅膀的亚述守护神拉马苏雕像，大约制成于公元前710年，由亚述国王萨尔贡二世建造。它高约4米，重达14吨。亚述人为其雕了5条腿，使它无论从正面还是侧面看，都有一种平衡感。

沙鲁金，又叫萨尔贡的城堡，这是一个完全新建的、长方形的都城。公元前706年，虽然建筑还没有完全完工，王室提前迁入杜尔沙鲁金。次年，萨尔贡二世在远征小亚的战役中身亡。

战争狂热者——埃萨尔哈顿

埃萨尔哈顿（约公元前680—前669年在位）是萨尔贡二世的孙子，在

第二章 古巴比伦王国

父亲辛纳赫里布被其他两个儿子谋杀以后继承了王位。他继位之时,亚述帝国统治了现代中东的大部分地区,但他仍不满足,依然追求更多的土地、权力和财富。埃萨尔哈顿自己曾说:"我围困,我俘虏,我掠夺,我杀戮,我破坏,我放火,我把国王的头颅挂在他们规则的肩上,我伴着歌声和音乐阅兵。"他对战争和杀戮的热情,让敌人心惊胆战。

在继位后的几年里,埃萨尔哈顿与多个邻国发生战争,袭击地中海东岸的腓尼基城邦西顿和巴勒斯坦地区,还将战场开辟到了埃及,所到之处,烧杀抢掠。西顿城被彻底铲平,西顿国王的头颅被埃萨尔哈顿下令砍掉,西顿的财富被埃萨尔哈顿抢夺一空,装满金、银、宝石、象牙、枫木、黄杨木、羊毛和亚麻制作的衣服等被成箱成箱地运回亚述。在埃及,埃萨尔哈顿征服了一座又一座城市,沿着尼罗河向埃塞俄比亚进军。他宣称:"我征服了埃及、上埃及和埃塞俄比亚……我用标枪5次与他的国王提尔哈卡作战,这个国家由我支配,由我统治。"这让他被奉为"上下埃及之王和埃塞俄比亚之王"。不过,埃萨尔哈顿在埃及取得的胜利是短暂的,不久埃及法老塔哈尔卡从南方卷土重来。约公元前669年,埃萨尔哈顿再次进军埃及,但在途经叙利亚的哈兰城时染病而亡。

在帝国发展中,权力的争夺从未停歇。埃萨尔哈顿在战场上勇猛无敌、战功卓著,他的王位传承问

新亚述时期王宫门口的另一尊拉马苏雕像

题却产生了麻烦。他有多个儿子,埃萨尔哈顿本想让儿子辛伊丁那阿坡里继承王位,没承想这位王子却在公元前672年死去。他立另一个儿子阿舒尔巴尼帕为继承人,但其他贵族和祭司却持不同意见,支持沙马什舒姆乌金。最终,埃萨尔哈顿说服反对者们赞同自己的意见,并与他们签订协议以保证对阿舒尔巴尼帕忠诚。

埃萨尔哈顿去世后,阿舒尔巴尼帕成为亚述国王,沙马什舒姆乌金成为巴比伦尼亚的国王,隶属于亚述帝国。关于王位继承的这一插曲可以说是帝国灭亡潜伏的危机之一。

文武兼备——阿舒尔巴尼帕

阿舒尔巴尼帕(约公元前668—前627年在位)通常被认为是亚述帝国最后一位伟大的君主,他从父王手中接过的,是一个庞大的帝国,势力范围从今天的土耳其到伊朗,向西远征至埃及。阿舒尔巴尼帕继续穷兵黩武,到公元前652年,他结束了埃及第25王朝的统治,征服整个埃及。并且,把整个安纳托利亚西部也纳入了帝国版图。

但不同于他的历代祖先,阿舒尔巴尼帕最大的成就不在于战场上的武力征服,而在于他建立的阿舒尔巴尼帕图书馆。阿舒尔巴尼帕不仅仅是一名杰出的军事领袖,他还受过良好的教育,痴迷于读书,他曾经广泛阅读苏美尔、阿卡德传说,关注帝国的文化发展。为了传承帝国文化,他在首都尼尼微建立了一座储备丰富、管理完善的大型图书馆,这是美索不达米亚历史上第一座系统性的图书馆,是后人了解和研究亚述帝国乃至美索不达米亚文明的钥匙。馆中藏书是阿舒尔巴尼帕命令书吏、官吏去全国各地搜集到的图书,为了搜集到所缺的泥板,几乎不惜代价。馆里收藏了约3万块楔形文字泥板,包括苏美尔语、阿卡德语、巴比伦语和亚述语文献。文献门类广泛,其中,既有宗教、文学、天文学、医学、数学、化学、植物学等各学科著作,

亚述王狩猎浮雕

英国不列颠博物馆馆藏。这幅浮雕刻画于公元前640年亚述王阿舒尔巴尼帕宫殿墙壁上，国王正在用长矛猎杀一头狮子。亚述统治者不仅喜欢狩猎，而且他们认为这是一项皇家使命，就像阿舒尔神给予国王在战斗中消灭敌人的神圣使命一样。

也有政府文献、条约、法律、命令、书信、王室经济报表、房屋和沟渠建筑报告，以及语法著作、词典、类似百科全书的工具书。当然，也包括美索不达米亚平原最著名的史诗《吉尔伽美什史诗》。各类文献按类别收藏存放在不同的房间，有标志、目录表明其存放序列。有的文献有注明是阿舒尔巴尼帕亲自修订。泥板文书上还刻有"宇宙之王、亚述之王阿舒尔巴尼帕"字样。有一块泥板刻着："我是阿舒尔巴尼帕，伟大的国王、非凡的国王、宇宙之王、亚述之王、周边世界之王、王中之王，亚述的统帅、无敌的君王，支配着大海从高到低。"

狩猎可是本王最喜欢的一项休闲娱乐活动了！

探索古文明 巴比伦

阿舒尔巴尼帕时期是亚述帝国的巅峰,也是帝国粗暴扩张的隐患开始暴露、国力开始衰落的起点。

在帝国将埃及纳入版图的同时,埃及屡次反抗其统治,阿舒尔巴尼帕屡次派兵前去镇压叛乱。直到公元前654年,埃及人终于将亚述军队赶出国境。后来,两国签订贸易协定,进入新的关系状态。其实,保持外交状态,开展贸易往来可能对亚述更有利。因为埃及路途遥远,国王坐镇首都实在有些鞭长莫及,埃及人的反抗精神也较为顽强,因此统治遥远的埃及的代价过于高昂。但是,开展贸易,亚述却能够从中获取丰厚的经济利益。

上文述及阿舒尔巴尼帕的王储选定风波,最终阿舒尔巴尼帕成为帝国的继承人,在他的影响之下,兄弟沙马什舒姆乌金才成为巴比伦尼亚的国王。然而,沙马什舒姆乌金并不满足于此,他对于曾经擦肩而过的帝国大权虎视眈眈,因此起来反对阿舒尔巴尼帕。在公元前652年,他约集盟友阿拉米人、埃兰人、阿拉伯人发动叛乱。然而,阿舒尔巴尼帕不愧为"王中之王",他率领强大的军队包围巴比伦。两年后,沙马什舒姆乌金战败并自杀。约公元

亚述王阿舒尔巴尼帕狩猎浮雕

历史档案馆

亚述帝国对巴比伦的政策

　　帝国时期,国王对巴比伦尼亚始终非常重视,对其政策多次调整,大体以亲巴比伦城为主。亚述王提格拉特皮莱塞尔三世开始,一度占领巴比伦城并开创双重君主制,自任为亚述王和巴比伦王。

　　萨尔贡二世则采取亲巴比伦政策,任命巴比伦王,与巴比伦王对城市进行共治,并多次参加巴比伦城新年庆典,以彰显亲善。

　　辛纳赫里布时期,由于巴比伦人发动叛乱,他改政策为直接统治。到了晚年,他才逐步改变强硬态度,归还乌鲁克城神像,向神庙赠送奴隶,任命巴比伦人担任乌尔和海国的官员。

　　埃萨尔哈顿统治期间,亲善政策继续执行。他下令重建巴比伦城及神庙,将巴比伦地区的拉尔萨、西帕尔等神像归还,并重新开放神庙。埃萨尔哈顿恢复共治政策,任命儿子担任巴比伦王。

　　阿舒尔巴尼帕继续施行自治政策。然而,巴比伦人并不满足于附庸国地位,时任巴比伦王沙马什舒姆乌金也不满于仅任一属国之主。于是,他于公元前652年至公元前648年发动叛乱。叛乱平息后,亚述帝国政府再次收回自治权力。

　　阿舒尔巴尼帕去世后,国家发生内乱,巴比伦地区趁机恢复自治。公元前612年,新巴比伦人横扫亚述地区,亚述人与巴比伦人多年的恩恩怨怨最终以巴比伦的胜利告终。

前627年,阿舒尔巴尼帕去世,他的时代宣告结束。

　　政局的动荡、边境的频频告急,让帝国的巨大骨架逐渐难以为继。帝国势力衰微,版图逐渐缩小。他的敌人日渐强大,不断劫掠亚述。公元前612年,巴比伦人和米堤亚人联手进攻,尼尼微陷落,曾经不可一世的亚述帝国就此从历史舞台退场。

两河流域的科学与艺术

数学 医学 天文学 建筑学

> 古巴比伦时期的漫长岁月中,伴随着帝国崛起的,还有美索不达米亚平原人们创造的丰富的文化——数学、天文、医学、艺术、文学、宗教……帝国的强大为它们的完善进步提供肥沃的土壤,而它们的发展又促进帝国滚滚向前。

超乎想象的科学发展

在古代美索不达米亚平原上,随着人们农业、手工业生产发展的需要,科学技术也不断发生新的突破,反过来又在生产生活中发挥重要的作用。灌溉农业的发展,使最早的聚落、城市均分布在两河流域南部,陶轮及钻孔技术的发明满足了人口增多时的日常生活需求,青铜器和铁器的发明极大地提高了生产生活的便利,也为军队扩大战争提供武器条件,促进了古代帝国的产生。

作为四大古文明发源地之一,古西亚人们在数学、天文学、医学等领域均取得了举世瞩目的成就。

数学:六十进位制的发明者

古代美索不达米亚人们的数学知识来自农业生产,也应用于农业生产。人们运用数学测量土地面积,预估粮食产量,计算灌溉设施的覆盖面积和河道、运河的合理布局,辅助社会有效管理。

古代美索不达米亚的数学知识既包括现代概念上的代数、几何,也包括部分物理知识。数学上，最著名的成就有两个，一是六十进位制，二是直角三角形定理。六十进位制是苏美尔人的发明，这是世界上绝无仅有的进位制。人们用六十进位制来计算时间和圆周，也用于计算粮食产量、商品数量、劳动人数和工作量。巴比伦人把一天分为24小时，每小时60分钟，每分钟60秒，这和今天的时间计算方式相同。在古代，他们用比较简单的数字符号表示复杂的数字含义，比如文献中记载参与公共工程建设的人数为1、2、3，换算成现代十进制，则是3723人。

中国人所称的"勾股定理"，希腊人所称的毕达哥拉斯定理，用公式表示即是 $a^2+b^2=c^2$，古巴比伦人早在毕达哥拉斯之前就使用了。哥伦比亚大学图书馆现收藏一块泥板文书"普林顿322号"，上面刻印着这一定理的相关公式。据考古推测，其年代在公元前1600年以前。当时，人们将直角三角形定理运用于测量土地、城市规划、建筑建设等。古西亚人还掌握了对角线、平方根、立方根及初级三角知识，学校还要求学生学习数学和口算。

古巴比伦人的几何学发展成就同样令人惊叹，考古学家从出土文献中发现了公元前2000年用于几何练习的泥板碎片。巴比伦人在几何上最大的贡献就是把圆周分为360等份，这种划分方式直到今天我们仍在使用。此外，他们很可能还懂得三角形相似的原理，并掌握了规则多边形面积、其边长的比率等计算方法。

天文学：年月日的设置

古代两河流域的天文学也与农业生产、宗教生活密切相关。一方面，先民通过掌握日月星辰的变化制定历法，来记录时间和安排农业种

🙢 巴比伦圆周率泥板

植活动。汉谟拉比当政期间，古巴比伦人使用以月亮盈亏为基础的12个月一年的历法。一年定为360天。从春分开始，一般是3月20日，这天白昼和夜晚都是12小时。月份按顺序依次是尼桑、里亚尔、斯万、塔木兹、阿布、埃鲁勒、提斯瑞、马彻斯万、基斯莱夫、泰白特、塞布特和阿达尔。后来又有了改进，依然是一年12个月，大月30天，小月29天，大小月相间，一年共354天，然后用闰月的方法来补充它与回归年的不足，这样有闰月的年份就有13个月。

另一方面，他们也通过观测天象来获知神意。古西亚人的天象观测历史至少可以追溯至古巴比伦时期。据文献记载，古巴比伦国王阿米萨杜卡（约公元前1647年即位）8年，曾出现过一次金星距离太阳最近的天象。对一国之君来说，天象观测是他进行政务大事决策的重要依据，亚述王埃萨尔哈顿就曾与卜师集团保持密切的书信往来，询问各种有利于或不利于自己统治的天象预兆，并试图获取相应的处理应对方式。

医学：丰富的病症和药剂

苏美尔是世界医学的发源地。早在4000多年前，乌尔第三王朝时，人们就已经编写出具有实用价值的医典。在乌尔医典之前，当地也曾出现过一些零散的医学文献、处方等，今天都被视为已知最早的医学文献。

两河流域的医术在当时声誉很高，亚述和巴比伦的医生常常受邀外出会诊，巴比伦人的医生也活跃在赫梯帝国。在赫梯首都哈图沙的考古成果中，曾出现一批阿卡德文书写的医学文献，包括药典，治疗结膜炎、感冒发烧、阳痿以及自然分娩的处方。

当时的医学发展与宗教活动也有些纠缠不清。在医学文献的记述中，提到的病症已经相当丰富，有各种发热病、中风、肺痨和鼠疫，能够鉴别精神病，但认为致病原因是创伤或魔鬼，还提到了眼耳疾病、风湿、肿瘤、脓肿、心脏病、皮肤病，以及各种性病。亚述人已经认识到牙痛是由于虫蚀所致，与埃及人的观点一致。黄病被认为是由魔鬼阿萨撒祖施加的，虚劳则由魔鬼阿萨卡导致。

巴比伦人开的处方非常细致。在现存的一个楔形文字书写的陶片上，我们可以看到医疗摘要，分为三部分内容：一、病名；二、药名；三、用法。使用的药物包括各种植物果实、叶、花、皮、根等，橄榄、月桂、桃金娘、鸡尾兰、大蒜等，动物的各部位和各脏器，各种矿物质，例如明矾、铜、铁，还有各种丸、散、灌肠等制剂，通过使用器械将其灌入阴道或肠道。此外，还有利用各种秽物驱逐魔鬼使其离开病人的身体。

成就最高的浮雕艺术

得益于青铜器、铁器等器物的发明，制陶技术的发展和各种矿物质的发现，以及贸易商道的开辟与完善，公元前2000年至公元前1000年前后的美索不达米亚平原上，艺术的土壤也逐渐随之变得深厚、滋养。雕刻、壁画、马赛克砖、玻璃、象牙雕刻、珠宝等，均成为古代两河流域的工匠、手艺人制作、创作的作品。

保留至今的作品中，相当一部分是青铜器雕刻，正是通过雕刻，遥远的三维面孔才得以穿过时光的薄雾栩栩如生地浮现在今人的眼前。当时的雕塑主要有两大类：浮雕和塑像。两河流域南部缺乏石材，因此石雕作品存世极少。前文所述的《汉谟拉比法典》石碑，是其中经典的代表作。

北部亚述地区的石雕艺术代表了美索不达米亚雕刻艺术的最高成就。亚述艺术最负盛名的是宫廷浮雕，它具有一种真正的美，表现亚述人所取得的最伟大的独创的成就。浮雕主题以国王为主，表现国王阅兵、休息、接受贡品、率军打仗、打猎散心等情形，但几乎没有国王履行祭司职能的画面。画面中有妖怪、半身和英雄，却明显没有神，或者只呈现祭坛上一杆矛或天空中的一个带翅圆盘，表现与宗教有关的活动，反映出亚述雕刻对现实生活的关注。亚述浮雕采用极为写实的手法表现战争、狩猎等惊心动魄的紧张场面，展现了暴力与征服的元素。在尼尼微的宫廷浮雕中，有描绘国王猎杀万兽之王雄狮的情形。浮雕中的国王雄姿英发，跃马挺枪，弯弓射箭，被猎杀的狮子则凶猛健壮。

狩猎归来

亚述统治者热衷于征伐与狩猎,狮子在他们眼里是凶猛而强大的代表,猎杀狮子足以显示他们的强大与勇武。所以,狮子成了尼尼微浮雕中的重要元素。

此外,古代巴比伦到亚述时期的壁画、金属加工工艺、音乐等艺术类型也都达到了较高的艺术水准。

建筑:"狮穴"尼尼微

亚述时期的建筑艺术有了新的发展,设计新颖,宫殿的功能区分更加细致多样,大厅、内外庭院、谒见室、门墙……每一处都是设计师与建筑工程师发挥才智的空间。

亚述帝国最鼎盛时期的都城尼尼微,是当时世界上最雄伟的城市。尼尼微坐落于巴比伦城北部500多千米处,位于底格里斯河与大扎布河交汇处,处于两河流域北部的交通要道之上,孕育着人类早期文明的底格里斯河就从城市西边流淌而过。此处的河面宽大约150米,虽然在世界上不算大河,但在西亚这片水资源紧缺的土地上,已经是很大的河流。因此,这一带自古滋养了许多重要城市，例如亚述古都阿舒尔，新亚述的都城卡拉赫、杜尔沙鲁金。

尼尼微的建设，从中亚述时期的提格拉特皮莱塞尔一世开始，他从底格里斯河支流引水灌溉，在尼尼微修筑了许多幽雅的公园，将尼尼微变成一座宁静葱郁的花园之城。在帝国国王辛纳赫里布即位之前，亚述先后以阿舒尔、卡拉赫、杜尔沙鲁金为都城，尼尼微只是亚述北部的商业重镇。辛纳赫里布上台以后，决定迁都尼尼微。从此，尼尼微开始进行大规模建设，变成了上古时期世界闻名的富丽之都。宫殿辉煌、精美，每一个设计都力图体现帝国之伟大、版图之辽阔、政权之稳固。

尼尼微首先修建了几条官道，道路宽敞笔直、战车通行无阻。大道两旁是达官贵人和平民百姓的住房，他们维护着官道的宽敞通畅，不敢占用。因为亚述帝国对官道的保护力度很大，规定凡挤占官道者，一律处以刺刑——将木棍由犯人肛门中插入，直贯于胸，然后将插着犯人的木棍立于闹市示众。

王宫选址在城市西部，河流从宫廷附近流过，宫殿建筑在人工平台之上，宫墙采用云石建成，外部装饰有精美的浮雕和雕塑。其中，著名的有吉尔伽美什雕像、人首牛身雕像，每座都高达3～4.5米，蹲守于宫门口，其威严壮观足以震慑任何身居高位的谒见者。宫殿采用的木材，是古西亚最名贵的黎巴嫩雪松。亚述宫殿的高大雄伟、奢华壮丽，远远超过巴比伦王宫。后世波斯帝国的宫殿建筑，明显受到尼尼微宫殿的影响。尼尼微王宫中还有一个显著特色，是其他国家无力效仿的，那就是王家园林。尼尼微花园众多，有的种植奇花异草、名贵树木，供王室游玩散心；有的不仅种植花草树木，还圈养着猛兽，这是供国王与大臣狩猎用的王家猎场。亚述浮雕中就有很多国王狩猎的情形，还有以雄狮献祭的场景，表达"正义的王权必将战胜邪恶势力"的意义。宫廷中还有浮雕刻画的是阿舒尔巴尼帕及其王后在一次欢乐的花园派对上尽情享受快乐，在他们细细品味优雅的音乐旋律之时，旁边一棵树上还悬挂着一颗被砍下的敌国国王的头颅。

由于亚述国王和军队的残暴，尼尼微成为敌对民族和底层阶级仇恨的象征。犹太人将它称为"狮子的洞穴""流着人血的城市"。

第三章

新巴比伦王国

  巴比伦的历史,向来充满了战争与掠夺的血腥味,而这又是其社会发展的主旋律。但隐藏在刀光剑影背后的,却是一些美丽而动人的东西:铁血君王的内心也有温柔细腻的一面,于是,有了"空中花园"这一爱的礼物;在战争的间隙,人们始终不忘推进人类文明发展的脚步,于是,有了新巴比伦空前繁荣、无与伦比的社会生活与文化成就。让我们跟随历史的脚步,去一探究竟。

迦勒底人建国

被波斯所灭

探索古文明 巴比伦

迦勒底人建国

公元前 626 年

历经几千年，巴比伦的土地上政权更迭，但巴比伦文明这个古老的火种始终生生不息，并时刻伺机发展壮大。继阿摩利人建立古巴比伦王国，加喜特人建立中巴比伦王国之后，迦勒底人也在巴比伦尼亚建立起独立政权，缔造出又一个强大的帝国。

反客为主的迦勒底人

在漫长的历史进程中，除阿卡德人、阿摩利人之外，还有一支闪族人迁入巴比伦，他们是迦勒底人，属于塞姆语系的一个游牧部落。

公元前20世纪末，阿拉米人向两河流域迁移，迦勒底人也随之逐渐迁入两河流域。公元前11世纪，他们在巴比伦地区的南部、靠近波斯湾的区域定居，并偶尔对巴比伦尼亚进行骚扰。起初，对待攻克的城市，他们的手段是一律予以摧毁，乌鲁克、尼普尔、西帕尔和库利伽勒祖等均遭其破坏。后来，到公元前9世纪左右，迦勒底人逐渐以某些城市为据点，形成小型王国式的部落联盟。经过几百年的生产生活，迦勒底人逐渐产生对这片土地的主人翁意识，并占据统治地位，他们积极吸收巴比伦文化，视自己为巴比伦尼亚的主人，为古巴比伦王国文明传统的合法继承人。

公元前732年，巴比伦尼亚自中巴比伦时期结束以来，处于分裂与混乱状态达数百年。这时，巴比伦发生夺位争斗，一个迦勒底人首领成为巴比伦王，当时的亚述国王提格拉特皮莱塞尔三世趁机干涉，占领巴比伦城，吞并了巴比伦尼亚。公元前729年，亚述帝国统治两河流域南部，迦勒底人在其压制下，曾多次起义，并与埃兰和埃及等结盟联合反抗。公元前721年，迦勒底地区的比特雅金统治者、迦勒底人自立为巴比伦尼亚之王。他将巴比伦尼亚原贵族送进监狱，把他们的土地分给了迦勒底人。但辛纳赫里布即位后对他们实施武力镇压。之后，朱罗达巴拉丹再度起义，再度失败。巴比伦城被毁。

埃萨尔哈顿去世后，阿舒尔巴尼帕继承王位，另一个儿子沙马什舒姆乌金任属国巴比伦尼亚王国的国王。后者因不满于父亲的安排，于公元前652年，在部分贵族的支持下，联合阿拉米人、埃兰人、阿拉伯人发动叛乱。最终，在巴比伦城被围困三年之后，沙马什舒姆乌金战败自焚而死。直到30年之后，亚述帝国奄奄一息之际，迦勒底人又抓住机会掌握了巴比伦地区的统治权。

王国崛起

公元前627年，阿舒尔巴尼帕去世。几乎同时，亚述帝国在巴比伦地区的统治者也去世，亚述政局顿时陷入动荡不安、风雨飘摇的境地。

迦勒底人制作的陶器

探索古文明 巴比伦

巴比伦的治愈之神俄安内

英国伦敦韦尔科姆收藏馆馆藏。其背上覆满鱼鳞。据巴比伦祭司贝若苏所写的《巴比伦·迦勒底史》记载,俄安内是巴比伦神话中半人半鱼的怪物,在洪荒时代,他将文明和各种生活生产技艺传授给巴比伦人,因而被巴比伦人尊奉为"治愈之神"。

公元前626年,亚述政权派迦勒底人首领那波勃来萨率军驻守巴比伦。到达巴比伦以后,那波勃来萨却领导叛变起义,反对亚述统治。他宣布光复巴比伦,自立为王,建立迦勒底王国,历史上也称为新巴比伦王国。那波勃来萨花了16年来巩固自己的统治,一方面,他与亚述争夺领土,巩固边境统治;另一方面,他与巴比伦地区的巴比伦人及其他各股势力争夺权力,确保自己作为巴比伦王的合法统治地位。例如,巴比伦尼亚的尼普尔、乌鲁克等大城市有强烈亲亚述倾向。为了征服这两座城市,那波勃来萨对其展开长期围困。公元前616年,乌鲁克被攻克。第二年,尼普尔也被占领。从此,巴比伦尼亚统一的秩序逐渐恢复,新巴比伦王朝开始取得国内各方认可。

但是,在外部,亚述帝国仍然是巴比伦人强劲的敌手。这时,北方也有一个逐渐强大起来的国家,叫米底王国。公元前614年,那波勃来萨与米底王国联手,夹击亚述。公元前612年,亚述首都尼尼微陷落,其他重要城市也相继被攻下，亚述帝国灭亡。新巴比伦王国与米底王国将前任帝国的辽阔版图进行瓜分，米底王国占据亚述本土和哈兰地区，新巴比伦王国则取得西边半壁江山，将两河流域南部、叙利亚、巴勒斯坦和腓尼基等地收入囊中，新巴比伦王国势力大大拓展。

> 即位的尼布甲尼撒二世先后在与埃及的反复对峙中夺取并巩固了叙利亚、巴勒斯坦，由此新巴比伦王国进入又一个辉煌期。

从亚述帝国手中瓜分来的叙利亚与巴勒斯坦，名义上归属于新巴比伦王国，但埃及也认为这部分是他们的领土，因此，新巴比伦王国为此与埃及展开了一番争夺。为了确保自己的外交稳定和征战胜利，新巴比伦王国继续与米底王国保持结盟关系。在攻陷尼尼微之前，那波勃来萨娶了米底王国的公主达成联姻，巩固同盟。现在，那波勃来萨的儿子尼布甲尼撒二世也迎娶了米底公主安美伊迪丝，加强联盟。

那波勃来萨已经年迈，年富力强的尼布甲尼撒二世代父东征西讨，夺取了通往叙利亚的必经之道卡赫美什城。老国王去世以后，即位的尼布甲尼撒二世先后在与埃及的反复对峙中夺取并巩固了叙利亚、巴勒斯坦。由此将新巴比伦王国的势力范围巩固下来，进入美索不达米亚平原的又一个辉煌期。

繁华商业

两河流域南部一直以来经济发展都十分繁荣，农业、手工业、商业均有充分的发展，因为处于东西交通要塞，过境贸易日益兴旺。自从尼布甲尼撒二世统治叙利亚、巴勒斯坦地区后，两河流域与地中海地区的联系更加畅通无阻，商业贸易如火如荼。

在新巴比伦时期，王国出现了多个手工业和商业中心，巴比伦、尼普尔、乌鲁克、西帕尔、波尔西帕等城市都非常发达。考古发现的这时期的铭文中，记载了多个手工业部门，不仅有服装、纺织、烤面包、建筑等常见部门，还有制革、糕点等行业，可谓种类繁多。参与商业贸易流通的，不仅有手工业产品，还有粮食、椰枣、蔬菜等农产品。这些大城市在经济生活、政治格局中都发挥了重要的作用，它们享有免税特权，拥有自治组织。

古代商品货币关系发达的重要标志之一，是大商家的出现。新巴比伦王国时期，有一个著名的大商家，叫埃吉贝商家。该商家的经营活动，早在亚述帝国时期就已经开始，一直到新巴比伦王国时期才进入活跃期。关于埃吉贝大商家的档案多达1000多块泥板，现存于世界各博物馆中。从泥板档案可知，该家族的经营活动范围非常广大。巴比伦、西帕尔、基什、乌鲁克，甚至涉及对外贸易。波斯帝国征服巴比伦尼亚后，埃吉贝商家的经济活动仍然长盛不衰，业务范围拓展至伊朗高原。他们的经营业务涵盖面也非常广泛，包括谷物、金属、金银项链、宝石、啤酒等。埃吉贝商家不仅自己直接经营各种业务，而且任命奴隶代理人代为经营，关于受命的几个奴隶代理人的铭文也保存至今。

历史档案馆

最早的商业银行

银行是美索不达米亚人的发明，早在公元前2000年左右，巴比伦诸神庙的祭司就开办了一种借贷机构，也就是我们中国古代的钱庄。这应该可以视作世界上最早的商业银行。据泥板文书记载，祭司在存贷取利方面还比较公道，颇有信誉，他们的借贷对象一般是农民，并常对贫苦的农民免收利息。到公元前7世纪，这种商业银行已较为常见，公元前6世纪得到了普遍发展。借贷通常分为实物借贷和金银借贷两种，利息由官方颁布的法律规定，金银为20%，实物为33%，偿还方式为分期付款，每月一还。借贷契约写在泥板上，一般的借贷契约都有5~8个证人，要盖上证人的印章。欠款还清后，按习惯要把泥板砸碎。所以我们今天还能看到一些借贷泥板，说明当时有些人还不清贷款。

第三章 新巴比伦王国

尼布甲尼撒二世

约公元前 630—前 562 年

有这样一位才能卓越的君王,他英勇善战、野心勃勃,曾摧毁耶路撒冷,攻陷腓尼基商港,打败埃及,开疆拓土;他也曾经世济民,发展经济,大兴土木、重建都城。他是将新巴比伦王国带向辉煌的英明君主,也是通天塔、空中花园等神秘传说的缔造者,他就是新巴比伦王国的伟大君主——尼布甲尼撒二世。

"那布神护佑我的长子"

巴比伦尼亚的历史上出现过两位尼布甲尼撒,尼布甲尼撒一世是伊辛第二王朝的第四位国王(约公元前1124—前1103年在位),他曾经攻占过古代埃兰国的首都,但在与亚述人的对抗中败北。而现在要介绍的是尼布甲尼撒二世,他在历史上更负盛名,连《圣经》都对他有所记载。

尼布甲尼撒二世大约出生于公元前630年。在巴比伦语中,"尼布甲尼撒"的意思是"那布神护佑我的长子",可见其父亲对他的喜爱。尼布甲尼撒二世的父亲叫作那波勃来萨,是新巴比伦王国(历史上也称迦勒底帝国)的开国君主。其母亲是来自米底王国的一位公主。当时亚述帝国已经开始走向衰落,而新巴比伦王国和米底王国联姻后势力大增。公元前612年,新巴比伦王国与米底王国联合攻陷了亚述帝国的都城尼尼微,将其夷为平地,并使巴比伦独立了出来,不再是亚述人的属国。亚述文明与新巴比伦文明一个走向衰落,一个走向兴盛,二者交汇于历史的这一刻。

探索古文明 巴比伦

尼布甲尼撒二世是那波勃来萨的长子,也是新巴比伦王国王位的继承人,他从小备受重视。他在历史上威名赫赫的军事才能既是继承了父亲的天分,更是源于从小耳濡目染的锻炼。在新巴比伦建国阶段,尚在少年时期的尼布甲尼撒二世就跟随父亲南征北战。每逢作战,他身先士卒,勇往直前,因此赢得将士们的拥戴和父亲的欣赏。随着老国王那波勃来萨日渐年老体衰,尼布甲尼撒二世获得多次单独指挥作战的机会,战果卓著。

公元前607—前605年间,新巴比伦王国与埃及人屡屡发生冲突,新巴比伦一方屡屡处于下风,被迫放弃了一些重要据点。于是,那波勃来萨国王钦命尼布甲尼撒二世率领军队出征埃及。公元前605年春,两军于卡赫美什对阵,这场发生在幼发拉底河西岸的战斗进行得异常激烈。尼布甲尼撒二世指挥军队在幼发拉底河下游悄悄渡河,一边部署切断敌军向南撤退的可能,一边沿幼发拉底河西岸向上发起总攻,对埃及人发起裹挟式的围剿。在尼布甲尼撒二世的号令下,新巴比伦的士兵们英勇无比,前仆后继,最终大获全胜,埃及军队溃不成军,弃甲而逃。尼布甲尼撒二世穷追不舍,终于在哈马什全歼残军。这场战斗的胜利,不仅证明了尼布甲尼撒二世非比寻常的军事才能,又一次树立了新巴比伦王国的威信,而且为新巴比伦打开了西进叙利亚的门户,因为卡赫美什城是通往叙利亚的必经之地。

尼布甲尼撒二世的战利品

伊斯坦布尔考古博物馆馆藏。这是古巴比伦时期马里州长图拉达甘的雕像残像,用闪长岩雕成,最初来自马里(今叙利亚地区)。在新巴比伦时期,这座雕像被尼布甲尼撒二世作为战争的战利品从马里带到巴比伦,于尼布甲尼撒二世宫殿遗址中被发现。

这年8月,尼布甲尼撒二世正在叙利亚作战,却收到父亲病逝的消息。他立即返回,马不停蹄,抄近路直奔巴比伦城。一路上,他不仅为父亲逝世感到伤心,也担心出现不利于自己继位的意外。在父亲去世的第23天,尼布甲尼撒二世终于回到巴比伦城,大臣们正在等待他回来。于是,在大臣们的拥戴下,他顺利继承王位并获得王国内各个城市的拥护。

威震四方的军事征服

尼布甲尼撒二世即位后,新巴比伦王国的周边形势是:北面的叙利亚大部分区域已经臣服于新巴比伦王国,但西面的地中海东岸一带的统治者则徘徊在是臣服于新巴比伦还是从属埃及中,犹豫不决。这一地区包括犹太王国和腓尼基诸城邦在内,是一片贸易发达、经济富庶之地。彼时的埃及虽是日薄西山,但如百足之虫死而未僵,仍然具备与新巴比伦争夺地盘的实力。

尼布甲尼撒二世是新巴比伦王国最伟大的君王,也是美索不达米亚平原大地上最优秀的人物之一,他的声名与古巴比伦国王汉谟拉比不相上下。如此野心勃勃和富有战斗力的英雄,必然无法容忍将手边的利益拱手让人。因此,尼布甲尼撒二世在位期间发动了多次战争,攻陷腓尼基商港,打败埃及,把新巴比伦的势力拓展到了地中海沿岸,南征北战,威震四方,其中包括摧毁耶路撒冷。

关于犹太王国,在《圣经》中有一个这样的故事:曾经,巴比伦派遣使者前去拜访犹太国王希西家(约公元前715—前686年在位)。巴比伦使者的来访,让希西家出乎意料,他没想到自己和自己的国家竟已经声名远播至巴比伦,而巴比伦王竟对自己如此尊重,特派遣使者带着慰问信和礼物前来祝贺。对此,希西家难掩内心的骄傲和得意。他亲自带领使者参观王宫、宝库和国库,向来使一一展示自己的宝贝,炫耀国力的富庶,展现自己是多么了不起。巴比伦使者回国以后,先知以赛亚前来问希西家:"刚才是否有几个客人来访？他们从哪里来，说了什么，看见了什么？"希西家回答："有几个来自巴比伦的客人，我带领他们参观了我的宝库，展示了里面的金银财宝。"以赛亚说："将来某一天，你所有的财宝将被掳去巴比伦，你的儿子也会被俘虏到巴比伦，他将成为巴比伦王宫里的奴隶。"在希西家去世后多年，以赛亚预言的上帝的惩罚终于降临了。

公元前601年，新巴比伦王国与埃及交战，双方均损失惨重。趁新巴比伦军队退回休养时期，一直臣服于新巴比伦王国的犹太国王约雅斤在埃及法老的煽动下，宣布脱离巴比伦，转而投向埃及的"怀抱"。得知这一消息后，骄傲的尼布甲尼撒二世勃然大怒。于是，在公元前598年，他亲自率领大军向耶路撒冷推进。经过两个月的强势围攻，犹太国王约雅斤宣布投降。尼布甲尼撒二世俘虏了约雅斤，然后重新封约雅斤的叔叔为王，并让他改名为西底家，要求他发誓效忠新巴比伦王国。尼布甲尼撒二世俘虏了大部分皇室成员和部分能工巧匠，将他们押回了巴比伦城。

十多年后，公元前588年，犹太国王西底家违背约定，转而响应埃及的进攻行动，再次起兵反对新巴比伦王国。于是，精于战术的尼布甲尼撒二世再次率兵，对耶路撒冷发起第二次围攻。这一次的艰苦对峙历经18个月之久。最终，在公元前587年，由于城内的饥荒和政权内部分裂，犹太国王终于投降，耶路撒冷终于被尼布甲尼撒二世彻底摧毁。犹太国王反复摇摆的政治立场让尼布甲尼撒二世十分恼火，因此，尼布甲尼撒二世下令将耶路撒冷洗劫一空，神庙、王宫和许多民宅付之一炬。神庙圣殿是古代犹太人最重要的宗教机构，摧毁圣殿对他们而言无疑是一个沉重打击。尼布甲尼撒二世还当着西底家的面，杀死了他的几个儿子，剜掉西底家的双眼，下令用铜链将他锁起，游街示众，宣告："这就是你们背叛我的下场！"随后，全城活着的居民几乎全部被掳回巴比伦，这些犹太人在历史上被称为"巴比伦之囚"。

因为"巴比伦之囚"，尼布甲尼撒二世在《圣经》中被冠以"罪恶的工

第三章 新巴比伦王国

具"的名号。《圣经》中有诗歌传唱"巴比伦之囚"这段苦难史：

> 我们曾坐在巴比伦的河边，
> 一追想锡安就哭泣。
> 我们把琴挂在河边的柳枝上，
> 因为在那里，
> 掳掠我们的人要我们歌唱。
> 他们说："给我们唱一首锡安的歌吧！"
> 我们怎能在外邦唱耶和华的歌呢？
> 耶路撒冷啊，我若忘记你，

油画《尼布甲尼撒的军队焚毁耶路撒冷》

桑坦德艺术基金会收藏。由西班牙艺术家胡安·德拉科尔特绘制，这幅高6.6厘米、宽11.2厘米的画作描绘的是尼布甲尼撒二世进攻耶路撒冷的场景。犹太国王西底家是尼布甲尼撒二世一手扶上王位的，但他却违背自己与尼布甲尼撒二世的约定，与埃及一起进攻巴比伦。尼布甲尼撒二世再次发动对耶路撒冷的进攻，一举将其摧毁。

探索古文明 巴比伦

水粉画《囚犯的逃亡》

纽约犹太博物馆馆藏。由法国画家詹姆斯·天梭绘制，高22.7厘米，宽29.7厘米。这幅画作描绘的是犹太国王西底家违背誓约，惹怒尼布甲尼撒二世，致使耶路撒冷被摧毁，其人民亦被掳往巴比伦，这就是历史上著名的"巴比伦之囚"。

第三章 新巴比伦王国

情愿我的右手忘记技巧；
我若不怀念你，
情愿我的舌头贴于上膛。
耶路撒冷遭难的日子，
以东人说："拆毁，拆毁，拆到根基！"
耶和华啊，求你纪念这仇，
将要毁灭的巴比伦城啊！
报复你像你待我们的，
那人便为有福。

重建巴比伦城

从尼布甲尼撒二世令人闻风丧胆的军事征战来说，他是一个强势的征服者。但从重建巴比伦城的重大创举来看，他同样是一名可被传颂百世的伟大建造者。

尼布甲尼撒二世统治时期王国政局相对稳定，他注重发展经济，新巴比伦王国的农业、手工业、商业贸易随之繁荣起来，国家财政日益雄厚。这时，尼布甲尼撒二世决定集中全国的人力、物力和财力，以空前规模重建在战火中被摧毁的巴比伦城。

在尼布甲尼撒二世的大力建设下，巴比伦城成为古代两河流域最为雄伟壮观的都城，也更加有力地促进了新巴比伦王国与地中海一带的贸易往来，使巴比伦城成为重要的国际商业中心，成为当时西亚乃至全世界最为富庶、伟大的城市之一。

巴比伦城整体上呈长方形，横跨幼发拉底河两岸。其建设的特色之一，在于所使用的砖块。美索不达米亚可能是全世界最缺乏石头的地区之一，整个冲积平原几乎连一块鹅卵石都找不到。因此，建造者们往往就地利用河流中的黏土烧制砖块作为建筑材料。因为泥砖耐久性不强，因此，建筑整修和重建也是美索不达米亚平原上较常见的事情。为了增加城墙和建筑的坚固程度与防水性能，尼布甲尼撒二世使用了沥青、松木和铜叶，建起"铜墙铁壁"。

此外，尼布甲尼撒二世还下令开凿护城壕，在河岸边砌筑起像山一样高的护墙。海水涨潮之时，利用倒灌的海水将壕沟注满，这样就大大增加来犯者进入巴比伦城的难度。

英国不列颠博物馆馆藏。这个泥圆柱上的楔形文字记录的是尼布甲尼撒二世在巴比伦所做的重建工作。按照当时的习惯，人们将这些事迹刻写在砖石上，砌入国王所建神庙的墙壁中。

在巴比伦城的四周建有一座长达17千米的双层城墙，城墙之厚，可以容纳一辆4匹马拉的战车转身。城墙的正门墙上装饰着活灵活现而又整齐庄严的龙、公牛等动物的浮雕图像，精美细致。这就是以战争女神伊什塔尔的名字命名的、闻名遐迩的伊什塔尔门。从城门穿过，呈现在眼前的是一条宽阔壮丽的大道，大道上面铺着灰色和粉红色的小石子，在两侧城墙塔楼的夹道拥护下向远方延展。如今城墙的遗址位于伊拉克首都巴格达以南，残墙上还留着清晰可见的雄狮、公牛浮雕。在伊什塔尔门墙的砖块上，用阿卡德语刻印着一篇铭文，记录国王重建

第三章 新巴比伦王国

🌀 佩加蒙博物馆伊什塔尔门的彩色复原模型

伊什塔尔门给人一种威严和冷峻的感觉，使人对这一装饰艺术所产生的雄伟壮丽和等级森严的效果，有了一个很切实的概念。

大门的起因与过程，颂扬国王的功绩。铭文中写道："尼布甲尼撒，巴比伦之王，马尔杜克神委任的尊贵王公，最高的祭司王，那布神喜爱之人……我拆毁了这些门，把它们的地基用沥青和砖建在地下水上，让人用带有蓝色石头的砖建造它们，砖上面装饰着精美的公牛和龙。我把巨大的雪松木纵向放在门上做它们的顶。在所有的路口，我悬挂装饰着青铜的雪松木门，用奢华的光辉装饰它们，以使人们惊叹地注视它们。我让人在巴比伦的圣区内用沥青和烧结砖建造众神之王马尔杜克的庆典神庙，众神的欢聚之所，埃安那神庙，坚固如同一座山。"

城市东区最北侧的伊什塔尔门，以及南宫和北宫等目前尚残存遗址。

探索古文明 巴比伦

在南宫以南约1000米处，残留着一座方形的巨大基座，铭文中称为埃台门安基，意为"天地之基的庙宇"。今人大多认为这就是传说中赫赫有名的"巴别塔"，即通天塔的原型。《圣经》中记载，人类曾经联合兴建一座能够通往天堂的高塔，这一计划让诸神恐慌。为了阻止这一行动，上帝让人类使用不同的语言，人们因此不能互相沟通，建造通天塔的计划就此失败，人类也从此各散东西。而巴比伦城内的这座巴别通天塔，就屹立在城门大道的北面，一进城，人们就能看到。

尼布甲尼撒二世在巴别塔的旧基上"加高塔身，与天齐肩"。塔身从外看，建有螺旋形

🎵 油画《巴别塔》

德国古画陈列馆馆藏。荷兰画家布鲁盖尔绘制。关于巴别塔，至今有两个未解之谜，其一是巴别塔是否存在，具体位置在哪里；其二是尼布甲尼撒二世建造巴别塔的真实目的是什么。所以，后世人只能依据仅有的资料和推想去描述它。

第三章 新巴比伦王国

这座"与天齐肩"的原型究竟在哪儿呢?

的阶梯,可以绕塔盘旋而上,到达塔顶。这座塔规模十分宏大,塔基每边长约90米,高约90米。当时,美索不达米亚平原上在建筑领域最杰出的创造叫作塔庙,意思是"高地"或"顶峰",应该是用于祭祀的场地。迄今已经在多个城市发现30多座这样的塔庙。因此,研究者推测,这座被人们认为是通天塔的建筑,应该也是一座塔庙,而且它应该是美索不达米亚平原上最大的塔庙。那么为什么当时要修建这样一座"通天塔"呢?有人认为尼布甲尼撒二世是为了宣扬其文治武功,有人认为是为了取悦巴比伦祭司集团,有人认为是为了用作观察天象、探索宇宙奥秘的场所,甚至还有人认为当时信奉在高塔上可以迎来马尔杜克神的降临,人们在此能近距离膜拜他。不过,这几种说法就像巴别塔的原型究竟在哪儿一样,时至今日仍是未解之谜。

尼布甲尼撒二世带领新巴比伦王国走向了辉煌,然而,公元前562年,尼布甲尼撒二世突然病逝,之后,新巴比伦王国立马陷入动荡危机。最终在公元前539年那波尼德统治时期,波斯开国君主居鲁士大帝攻陷巴比伦,新巴比伦王国灭亡。巴比伦文明3500年的灿烂历程就此退出历史舞台。

探索古文明 巴比伦

爱的传说——空中花园

约公元前 626—前 539 年

提及巴比伦，很多人可能不知道苏美尔文明，不了解汉谟拉比，也不一定熟悉尼布甲尼撒二世，但是他们几乎都能联想到一个标志性建筑，它是古代世界七大奇迹之一，它构思精巧、工艺奇特，为世人啧啧称赞，它的美丽传说历经千百年而始终是个谜，它就是神奇的"空中花园"。

尼布甲尼撒之爱

在古老的巴比伦文明中，有很多令人津津乐道、浮想联翩的故事，"空中花园"就是其中之一。虽然古代泥板中有很多关于空中花园的描述，但由

本王将在此专门为你建一座花园！

第三章 新巴比伦王国

于至今没有发现确切的、与之相关的遗迹,因此,关于"空中花园",一直都处在如云似雾的传说中。

关于它的诞生,有一个美丽动人的爱情传说。相传,威震四方的铁血国王尼布甲尼撒二世娶了来自米底王国的公主安美伊迪丝为妻。她貌若天仙,倾国倾城,可是婚后没多久,安美伊迪丝就开始常常呆呆地望向远方,闷闷不乐,终日愁容不展。尼布甲尼撒二世不知缘故,公主说:"我来这里有些时日了,越来越思念家乡。家乡花草繁茂、风景秀丽,我多么渴望在这里也能看到家乡那样的绿林美景啊!"原来,安美伊迪丝公主的家乡米底在今天的伊朗,那里地处高原,山地部分绿树葱茏,夏秋季节气候凉爽。而巴比伦地处沙漠,夏季尤为干燥炎热,与米底王国的自然环境大不相同。为博爱妻一笑,尼布甲尼撒二世决定不惜人力、物力、财力,为妻子建造一座世间少有的花园,在少雨的巴比伦重现妻子家乡的美景。最终,就建成了我们今天所传说的"空中花园"。

花园巧夺天工的设计、美丽逼真的山林景色,终于在巴比伦重现了公主家乡的园林情景,公主美丽的面庞终于绽放起动人的笑颜。遗憾的是,传说,安美伊迪丝公主最终化为鸽子,飞天而去。尼布甲尼撒二世依然没有实现与爱妻幸福厮守的愿望。这座神奇、优雅、美丽的花园也成了新巴比伦王国流传至今的神秘童话,在历史的迷雾当中若隐若现。

油画《尼布甲尼撒建造空中花园以取悦安美伊迪丝》

法国凡尔赛宫馆藏。由法国画家安托万·霍阿瑟绘制,描绘了尼布甲尼撒二世督促建造空中花园的情景。尼布甲尼撒二世文韬武略,将新巴比伦王国推向辉煌的巅峰,为了取悦心爱的女子,不惜物力、财力为她建造空中花园。不管空中花园是真是假,这一故事从侧面也反映出了新巴比伦王国强盛的经济实力。

世界奇迹之"奇"

所谓"空中花园",又称"悬园",人们往往以为它是悬挂在空中,事实上并非如此。这是对其希腊名"paradeisos"的直译,实际可能是"梯形高台"上的花园。

据推断,它位于王宫广场正中央,是一座高高的、四边形锥体的平台,或者有装饰着花盆的阳台花园。根据古代有些资料记载,花园平台四周像阶梯一样层层往上,每层平台都是一个花园,层层堆积,就形成了一个花团锦簇、高台状的大花园。花园里面种植着郁郁葱葱的树木、藤蔓,还有从公主家乡运来的奇花异草。为了让大树扎根生长,花园的土层非常深厚。为了防止漏水,在台阶上铺上了石板、芦草、沥青、硬砖和铅板等材料。

花园最令人称奇的地方是它的供水系统。巴比伦气候干燥,雨水资源较为匮乏,为了实现浇水灌溉,花园还采用了机械设备,首先采用链泵将水从河中输送到花园处。然后,将来自幼发拉底河的河水,通过一套运输系统抽引上来,抽水系统由水桶、滑轮和绳索组成。充满智慧的工匠在花园最上方建造了一个水槽,通过水管随时保持供给植物水分,高台中可能还有多个小房间作为水房,甚至形成水帘的效果,就像《西游记》里的水帘洞,不仅能够灌溉植物,在夏日还能带来丝丝凉爽。

公元前3世纪,巴比伦祭司、历史学家贝罗索斯曾书写专著介绍"空中花园"的美丽景致:"园中种满了奇珍异草,这就像山中的国家,有些部分层层叠叠。这些高大的树木枝叶繁茂,相互映衬。泉水如同玉液琼浆,汩汩流出,通过水管冲刷旋流,充沛的水汽滋润树根土壤,保持湿润。"

"空中花园"之谜

虽然"空中花园"一直为人们口口相传,但关于其是否确实存在过的问题仍让人疑窦重重。因为在目前已发现的古巴比伦碑文和楔形文字记载中，从未出现过关于空中花园的内容。尼布甲尼撒二世颁布的敕令至今保留甚多，其中却也未发现关于修建空中花园的命

令。现今接触到的关于空中花园的描述，大部分来自古希腊、古罗马的历史和游记。因此，很多人不禁发问，新巴比伦王国时期的空中花园，是不是一个虚幻的想象？

关于"空中花园"的诞生，还有另一个传说。公元前1世纪中叶，古希腊有一位历史学家名叫狄奥多罗斯，他在著作《历史丛书》中记载，空中花园是亚述女王塞米拉米斯为满足自己的娱乐而建造。对于空中花园的存在虽然尚未找到遗迹证明，但历史学家普遍认为或许真有其事。但是，这位亚述女王塞米拉米斯却不曾在历史上存在过，她是希腊传说中的亚述女王。所以，这让空中花园的来历更显得扑朔迷离。

1899年，德国人罗伯特·科尔德维来到巴比伦城遗址进行考古挖掘。他和队友发现了巴比伦城的宫殿遗址，在宫殿的东北方向，他发现一个半地下的长方形拱顶建筑物，面积约1260平方米，包括14间小屋，周围被高高的城墙环绕，其中有一口三眼的竖井，他推测是用于安放抽水设施的。根

❧《巴比伦的空中花园》

这幅画作由德国画家费迪南德·克纳布绘制，空中花园和巴别塔一样处在如云似雾的传说中，人们根据关于它的传说，结合现实中的考古发现，来还原它的美。

"令人遗憾的是，"空中花园"和巴比伦文明其他的著名建筑一样，早已湮没在滚滚黄沙之中。"

据遗址发现的石料、回廊、园墙、水井等细节，他认为这就是空中花园的遗址。但由于这个遗址的痕迹显示其建造不够惊艳、奇特，其他学者认为不足称成为世界七大奇迹之一，否认它是巴比伦时期的空中花园。

令人不解的是，人们似乎在亚述王国首都尼尼微遗址中发现空中花园的痕迹。考古学家从亚述出土的楔形文字泥板中发现了关于一个大型花园的记载，并在考古中发现类似花园的废墟遗址，专家在宫殿中发现的一幅浮雕，浮雕中的景致与古希腊、罗马作家的书籍中描绘的"空中花园"相似度极高。因此，人们一度怀疑空中花园在尼尼微，而非巴比伦。

可是，贝罗索斯在历史著作中关于空中花园的描绘，以及古希腊人频繁地在文字中提及赴巴比伦欣赏闻名遐迩的空中花园，这让学者倾向于空中花园在巴比伦的观点。被古希腊人称为世界七大奇迹之一的空中花园，早已在历史长河中踪迹难寻，然而不变的是它扑朔迷离的传奇。

尼布甲尼撒二世北宫遗址

奴隶制的繁荣期

约公元前 626—前 539 年

新巴比伦时期,两河流域南部的奴隶制发展达到繁荣期。期间,奴隶的数量大幅度增加,私人拥有奴隶可达上百个;奴隶从事的工作也从繁重的体力劳动扩展到经营、代理等多样化的领域;法律对奴隶的保护也更为完善。

奴隶的来源

在美索不达米亚,奴隶是从苏美尔文明时期就已存在的社会存在。作为社会最底层的阶级成员,奴隶往往拥有最有限的人身自由,承担着最繁重的劳动,承受着最恶劣的生活条件。

奴隶可以属于王宫,可以属于神庙,也可以属于个人奴隶主。王宫奴隶通常承担国王命令完成的任何工作。例如,修筑王宫、挖掘水渠、铺设道路、烧制砖块,以及服侍阿维鲁等,甚至可以将他们用于军队。王宫奴隶居住在国家统一安置的住房中,他们的名字、家乡、年龄等个人信息会被登记在泥板制作的名册上,由官员进行统一保管。

神庙中奴隶的生活稍显不同,相对安全。因为神庙有自己的土地,可以种植作物,所以在储存粮食上具有一定的优势,神庙中往往拥有充分的粮食储备。在神庙的奴隶往往吃喝不愁,有衣服穿,寒冷的冬天还可以烤火。很多神庙奴隶生活水平比城市自由工人的生活条件还要舒适。所以,在旱灾或者歉收之季,普通家庭的父母难以为继,则会选择将孩子送往神庙做奴隶。这样做虽然残酷,但是能够让孩子免于饿死,救下孩子的命。

私人奴隶则受奴隶主个人管制，他们的生存状态与奴隶主个人职业、性情、品行有直接关系，但往往工作繁重、生活艰难。例如，客栈老板的奴隶要承担清洁、洗涤、做饭、做啤酒、伺候用餐等工作。农田奴隶则可能与奴隶主一起下田劳作，或是在家照顾孩童、做饭、浆洗衣物等。能够读书写字的奴隶还可以帮助奴隶主做一些书吏的工作。有的时候，奴隶也和自由工人一起劳动，如某位贵族或奴隶主想在自己的领地上开凿一条运河或灌溉渠，需要大量的劳动力，他不仅使用奴隶，也雇用自由工人。

奴隶从何而来呢？总体来说，有战俘奴隶、债务奴隶、家生奴隶、购入奴隶等几种来源。

战俘奴隶中，最著名的案例就是"巴比伦之囚"。《圣经》中说："凡脱离刀剑的，迦勒底王都掳到巴比伦去，做他和他孩子的仆婢，直到波斯国兴起来。"攻略耶路撒冷后，尼布甲尼撒二世将活着的犹太人几乎全部押回巴比伦，成为自己的奴隶。

债务奴隶则产生于债务人无力偿还欠债时，往往将自己的妻子或儿女作为抵押，给债务主作为奴隶。铭文记载，尼布甲尼撒二世时期，有一位名叫希拉的女人，欠纳布姆金吉尔的无法偿还，不得不将女儿利穆特南纳送给债主家抵债。利穆特南纳住在债主家，为其工作，但食物给养仍由母亲希拉提供。铭文还提及，如果利穆特南纳逃跑，希拉则要给债主支付金钱赔偿。关于家生奴隶也有相关铭文记载，一位名叫埃布纳的奴隶主将自己的奴隶卖给阿卡德城的一位祭司沙玛什丹努，被交易的奴隶是名叫萨纳赫的成人及其3岁女儿沙南纳巴尼，埃布纳获得0.5马那又3舍克勒银子（马那、舍克勒均为重量单位，1马那=60舍克勒）。在这个案例中，显然萨纳赫的女儿沙南纳巴尼本是属于埃布纳的家生奴隶。同时，这也是一个购买奴隶的案例。还有一种原本属于自由人后被卖为奴隶的情况。铭文记载，那波尼德十五年，即公元前549年，一名叫巴纳特伊丁的女人，其丈夫在饥荒中去世，于是，她将两个

第三章 新巴比伦王国

> 到底哪里才是我的家？

年纪尚幼的孩子烙上奴隶的印记，卖给乌鲁克城的神庙做终生奴隶。在新巴比伦时代，一个普通奴隶的市场价格大约是20舍克勒。书吏或金匠等技艺高超的奴隶售价较高，有可能卖到30舍克勒，相当于几只绵羊或山羊。

多样化的生产活动

如上文介绍，奴隶的作用一般是为奴隶主承担较为繁重、辛苦的体力劳动和家务劳动，女性奴隶有时候还会被作为妓女。但在奴隶制发展过程中，奴隶主允许奴隶参与的工作种类逐渐广泛，在亚述帝国时期就曾出现让奴隶充当代理人经营商业的例子。到了新巴比伦时期，奴隶代理人的形式在更为广泛的范围内实行。奴隶中的优秀者，不仅有独立经商的，还有从事租种土地、开办手工作坊、放

油画《流亡中的犹太人》

由德国画家爱德华·本德曼绘制。新巴比伦时期奴隶制空前繁荣，战争是当时奴隶的主要来源之一。这幅画作描述的是被尼布甲尼撒二世掳往巴比伦的犹太人，从他们落魄的神态和忧郁的表情，可体会出他们国破家亡的悲凄。

探索古文明 巴比伦

高利贷、开办钱庄等事务的，从事的工作不再仅仅局限于辛苦的体力劳动。

❧ 新亚述时期奴隶的浮雕

关于奴隶成为代理人的例子，最典型的就是大商家埃吉贝家的奴隶，由于家业庞大，埃吉贝的产业里先后出现过几个在史料中有记录的奴隶代理人，其中有纳布乌提尔、涅尔伽尔利初阿、达维恩贝尔乌初尔等。他们代奴隶主经营管理各种业务，在经验与资本积累到一定程度后，也会同时利用个人积累经营新的商业业务，或者施放高利贷，以赚取利润。其中，纳布乌提尔的活动在埃吉贝商家的档案文件中出现频率相当高，他活跃在埃吉贝商家的后代伊提马尔杜克巴拉图管理的初期，是埃吉贝商家的业务活动里一名重要的

奴隶代理人。

租种土地方面,一个叫伊丁马尔杜克的奴隶主,有一个奴隶名叫阿拉德贝尔,他租佃了一个名为阿拉德纳的人的土地,年租金为9库耳(1库耳=约300升椰枣)。一个叫苏昆的奴隶,成了一家帽子手工作坊的作坊主。借债方面,大商家埃吉贝的代理人纳布乌提尔,因为具备一定的经济基础,因此有能力外借资金,他曾借给名叫纳布艾列什的人1马那15舍克勒的银子,对方以一块土地作为抵押品,他还曾给一个叫乌里姆巴乌的奴隶1舍克勒银子。另外,独立经商方面,奴隶主贝尔苏纳的奴隶埃萨吉利伊,曾经一次性从一位自由民手中购入1200捆葱,说明他在从事商业贸易,将这些葱批发购入,再转手销售。

隶属于主人

虽然在新巴比伦时期,奴隶的生存生产状况有了很大不同,可以积累自己的财富,也可以拥有自己的奴隶,但从他们的地位来说,他们隶属于奴隶主的事实仍然没有改变,他们依旧是奴隶主的个人财产。

当他们在独立经营过程中与他人发生经济纠纷、需要抵押时,只能够用自己的物质财产作为抵押,而不能将自己的人身加以抵押,因为他的人身属于奴隶主而非自己。实行独立经营的奴隶,要向主人缴纳地租或利润,最重要的是还要缴纳人身租金。通过经济形式,表明奴隶主对其拥有所有权。一个奴隶的人身租金大约是一年12舍克勒,基本相当于雇用一名工人一年的工资。在契约中,人身租通常以债务形式呈现。

不仅如此,奴隶通过独立经营获取的财产,最终所有权也归属于其主人,奴隶主可以将其归自己所有。有一些奴隶代理人通过经营变得富有起来,但奴隶主家庭分家折算财产时,也会将奴隶代理人及其财产作为奴隶主的财产进行分配,也可以将他们转让给其他人。例如,奴隶达雅恩贝尔乌簇尔,是奴隶主伊丁马尔杜克的财产,作为奴隶主女儿的陪嫁,转让给了女婿伊提马尔杜克巴拉图。公元前508年,分配家产时,后者又将雅恩一家作为财产转给了第三方。

作为奴隶,他们的身上都烙有奴隶的印记或者主人的名字。在奴隶被买卖、转让时,除了原主人的烙印,还要添加上新主人的烙印。作为主人的财产,他们不能不做奴隶主分配的工作,不能选择与谁一起工作,也不能选择住的地方,更不能逃跑。由于奴隶是昂贵的财产,奴隶主不会轻易杀死他,但是如果逃跑,一定会受到鞭打或增加烙印。偷窃别人的奴隶也是违法的,如果被捉住,轻则高额罚款,重则使身体残疾甚至处死。

◆ 古巴比伦时期正在劳作的奴隶

奴隶的人身自由受到限制，但是他们的权利也会受到法律的保护。法律保护他们不受伤害，受到善待。奴隶可以赚钱、拥有财产，如果有条件，还可以赎回自由身。当时，有技术、有手艺的奴隶往往深受市场欢迎，例如织工、制革工人、书吏等，因此他们往往能赚钱并最终赎回人身自由。有的奴隶生活艰辛、生存条件恶劣，但也有些情况下，奴隶生活条件优于自由工人。

探索古文明 巴比伦

被波斯所灭

公元前539年

为了建功立业,新巴比伦王国前期的君王们前赴后继,东征西讨。为了稳定政权,他们建立商道,振兴经济。为了捍卫统治,他们重建首都,修筑城池。然而,再稳固的城池,也拢不住人心向背;再伟大的功业,也不会世代相传、固若金汤。两河流域迎来辉煌的新巴比伦时代,却也迅速地走向永远的落寞。

自视"平民"的君王

公元前562年,铁腕国王尼布甲尼撒二世去世后,新巴比伦王国的局势进入一段动荡期,5年内更换了3个国王。公元前561年,阿麦尔马尔杜克即位,却在军队的作用下被赶下台。公元前559年,涅迦尔沙尔乌簇尔上台后,于公元前556年被推翻统治。接着,阿拉米人那波尼德成为新的国王。

那波尼德具有一些传奇色彩。据说,他是尼布甲尼撒二世的女婿,也是月神辛神庙里一位高级女祭司的儿子,本身又是一位外交家。刚登上王位时,他已经步入老年,而且并不是巴比伦本族人,因此,有推测认为,他是通过非正常手段获取的王位。那波尼德继位后,在陶质的圆柱上刻下铭文,认为自己只是一个平民。他说:"我是那波尼德,我不配成为伟人,我并不具有居住在王官里的身份和尊严。"

那波尼德统治时期,是新巴比伦王国最后的辉煌期。他在位17年,致力于恢复传统,推行宗教改革,提倡重建、修缮历史城市、王室建筑及宗教设施,王国的经济环境非常活跃,政治局势相对稳定。

据说,在那波尼德执政之初,马尔杜克曾托梦于他,让他重建月神辛在哈兰的庙宇。哈兰曾经属于叙利亚,现在由米底人控制,月神庙宇久被忽视。因此,那波尼德表示无法加以修葺。马尔杜克于是向其透露:"他们和他们的土地以及支持他们的王都将消失,不复存在。三年后,我会让居鲁士驱逐他们的。"居鲁士是后来波斯帝国的开国大帝。公元前550年,他要推翻并取代自己的外祖父、米底国王阿斯提阿戈斯。那波尼德趁乱征服哈兰。于是,他为实现了马尔杜克的预言喜悦不已,开始修缮哈兰的月神神庙。但是,他却不知道,马尔杜克没有告诉他的是,居鲁士将成为中东的最终统治者。那波尼德放弃马尔杜克转而信奉月神辛,而且他修葺月神庙宇用于敛财,引起巴比伦祭司集团和各城市的不满。

那波尼德崇拜月神辛浮雕

英国不列颠博物馆馆藏。那波尼德是新巴比伦王国的第五位君主,其在位期间与国内的马尔杜克祭司集团不和,于公元前549年离开巴比伦城,前往阿拉伯沙漠中的绿洲泰马客居,专注崇拜月神辛。这块浮雕所展示的正是那波尼德崇拜月神辛的情景。

那波尼德对反对者的激烈反应感到不解,他把政务交给儿子伯沙撒打理,自己离开巴比伦前往阿拉伯沙漠中的绿洲泰马,客居于此,一住就是10年。对于他此番举止的动机,至今无人能猜透,有的说是因为宗教纷争,有的说是为了给巴比伦尼亚开辟一条新的商道,说法不一。据说,有人在死海古卷中发现"那波尼德祷告",文中记载:"我那波尼德是巴比伦国王,因为神灵的谕令长满毒疮,导致不能以面示人,于是被迫远离人群。虽然7年来,我向那些用金银泥土或石头铸造的神像不断祈祷,却仍无半点起色,直到我祷告那至高的真神，向其认罪，神派了一名犹太人来医治我。这人要求我将事情经过详细记录，借此将荣耀归于至高真理。"

可以看出，在那波尼德统治之下，看似稳定的局面下也涌动着一些矛盾。第一，作为阿拉米人，那波尼德不再供奉巴比伦的主神马尔杜克，改而信奉阿拉米人的月神辛，这引发了巴比伦祭司集团的不满。第二，那波尼德在执政期间，本人长期客居阿拉伯，国家政务实际由儿子伯沙撒管理，因而导致贵族与官僚阶层的不解。

与此同时，当时强大起来的波斯人征服了米底王国和小亚细亚的吕底亚王国，从此，巴比伦尼亚同小亚细亚的贸易受到阻碍，并且整个王国处于半包围的边界压力下，外交上其实受到孤立。在种种因素共同作用下，催生了那波尼德与巴比伦尼亚的奴隶主之间的关系恶化，矛盾渐渐锐化。

伯沙撒的盛宴

当那波尼德退隐于沙漠之中时，新巴比伦王国的安全正慢慢地受到威胁，这个国家的命运正在悄悄转变。经过10年南征北战，居鲁士二世将波斯的国土扩张到开罗，从爱琴海到印度，东西绵延4800多千米。在这样庞大的帝国威胁下，巴比伦的覆灭几乎就在旦夕之间。

有一天，在城中代父理政的伯沙撒设宴款待自己的千名大臣，饮酒作乐。兴起之际，伯沙撒吩咐仆人将尼布甲尼撒二世从耶路撒冷掠夺的金银器皿战利品取出，与大臣、后妃们共同享乐。众人一边畅饮，一边欣赏着精美的金银铜铁塑造的神像。忽然，灯影晃动之中，伯沙撒看见一只手影，在灯台的照射下，在王宫的粉墙上写字。伯沙撒看不出写字的人，顿时心生疑惑，他手脚发软，膝盖哆嗦，脸色发白，感到心慌意乱，不知所措。于是，伯沙撒当即命人请来术士和负责观兆的人，说："谁能读懂写在墙上的文字，我就让他紫袍加身，佩戴金链，在我国位列第三，仅次于父王和我。"然而，在场没有人能够读懂墙上的那些文字。其实，即

第三章 新巴比伦王国

使读懂也没有人敢把文字的意思告诉这位摄政王。大臣们的沉默,让本就胆战心惊的伯沙撒更加惊慌,大臣们也跟着感到不安。

后来伯沙撒请来了本已归隐的先知但以理。但以理说:"我不贪图你的礼物,但可以为你解读这些文字。国王啊,至高无上的上帝曾将王位、大权、荣耀、威严赐予你的祖父尼布甲尼撒,但他心高气傲,刚愎自用,甚至行事狂傲,曾经被割去王位,夺去荣耀。伯沙撒啊,你是他的孙子,你知道这一切却仍不思悔改,蔑视天上的主。你让人们将他殿中的器皿拿出来与大臣、后妃们享用,还盛赞那些没有生命的神像。上帝终于发怒了,现出他的指头来,写下的文字是对你及整个王国命运的预言。这些文字是:'弥尼,弥尼,提客勒,乌法珥新','弥尼',就是上帝已经暗示你国的运势到此终结了;'提客勒',是指被称在天平里显出你的亏欠;'乌法珥新',是你国将分裂,最终归属于玛代人(米底人)和波斯人。"

《伯沙撒的盛宴》插画作品

看!这是上帝的预言!

油画《伯沙撒的盛宴》

伦敦国家美术馆馆藏。由欧洲17世纪伟大画家伦勃朗绘制,高167.6厘米,宽209.2厘米。这幅画讲述的是新巴比伦的摄政王伯沙撒为他的贵族所举办的宴会。在宴会上,他将尼布甲尼撒二世从耶路撒冷的圣殿中掠夺来的金银器皿拿出来与在座人员享用,此举亵渎了神灵。上帝现出神圣之手,并在墙上写下只有但以理可以破译的咒语。伦勃朗从他的一个学识渊博的朋友的书中衍生出希伯来文的形式作为咒语。

探索古文明 巴比伦

巴比伦的终结

但以理的讲解很快就应验了。巴比伦饥荒、瘟疫连连，臣民怨声载道，将一切归咎于那波尼德长期离开巴比伦，抱怨他对月神辛忠诚，却忽视马尔杜克的神威，导致天神降下天谴。

波斯王国的居鲁士二世在登基后不久，就把毗邻的波斯省纳入版图。巴比伦王一直将其视为自己的盟友，意图与其联手对抗米底王，却未曾想到，居鲁士的野心远远大于他的想象，将来有一天会掉转矛头，成为自己的劲敌。公元前550年，居鲁士废掉米底王，接管了庞大的米底帝国。那波尼德终于意识到威胁，与埃及和吕底亚结盟以图反抗居鲁士。居鲁士率军跨过哈里斯河，攻下吕底亚王国首都撒狄。巴比伦的同盟之一溃败，另一个同盟埃及静观其变，那波尼德于是处于孤军作战的境地。那波尼德的百姓在马尔杜克的号召下，准备发起政变，甚至不惜利用外来力量。

公元前539年，居鲁士二世的部下乌戈巴鲁挥师大举进攻巴比伦尼亚，攻下巴比伦城。摄政的伯沙撒被杀，为抵御波斯入侵，于头一年返回巴比伦的那波尼德，束手就擒，最终沦为俘虏。几个星期之后，居鲁士二世来到巴比伦城，马尔杜克神祭司和城内百姓竟然把他当作巴比伦的解放者，热烈地欢迎他进城。居鲁士也充满智慧，懂得安抚百姓。

楔形文字陶柱

这只陶质圆柱上刻写的楔形文字记录着马尔杜克亲自授意居鲁士二世向这座城市进攻，并表示"那波尼德对他不敬"。

第三章 新巴比伦王国

历史档案馆

居鲁士之后的巴比伦城

居鲁士二世是一位充满政治智慧的帝王，他在巴比伦城的治理方式上，没有再走那波尼德的老路。相反，他保留了当地的宗教信仰和习惯，并且批准想回到耶路撒冷的犹太俘虏返回故乡。

但是，居鲁士的继位者们却没有他这样的远见卓识和宽大胸怀，他们并没有宽待这座城市。据记载，公元前5世纪，居鲁士的孙子薛西斯从埃萨吉拉走了马尔杜克的巨大神像，而且，后面的国王渐渐忽视了巴比伦城的重要性，在庙宇维护、防御工事和运河等工程修缮上变得懈怠，巴比伦城慢慢地边缘化，城内渐渐荒芜了。

两百年后，正值年轻的亚历山大大帝到达这座拥有古老历史的城市，他被城市的壮丽深深吸引。公元前331年，他推翻波斯人统治，成为巴比伦城新的统治者。他雄心勃勃，志在建立一个世界帝国，并有意将巴比伦城和埃及的亚历山大同时作为首都城市，重现巴比伦的辉煌。遗憾的是，公元前323年，亚历山大突然去世，年仅32岁。他曾经的宏图大略也埋葬在了历史的尘土中。巴比伦城继续残存几个世纪，直到公元2世纪末，被彻底遗弃。

虽然巴比伦城修筑了坚固的双层城墙和难以跨越的护城河，却仍然未能防住人心叛变和外敌入侵。就此，前后存在不足100年的新巴比伦王国，经过短暂的绚烂就灭亡了。

新巴比伦王国历时虽然短暂，但它统治期间是两河流域历史上奴隶制经济最繁荣的时期，是两河流域历史上重要的发展期。新巴比伦王国灭亡，两河流域独立发展的历史道路也就此中断。从此以后，它长时间处于各外族入侵和统治之下，直到公元7世纪，阿拉伯人入侵并统治。美索不达米亚文明3500年的历史，从此退出历史舞台。

探索古文明 巴比伦

新巴比伦的文化成就

公元前 626—前 539 年

新巴比伦帝国两度攻陷耶路撒冷，战功赫赫；大商家活跃，经济繁盛；筑造城墙，设计"空中花园"，建筑恢宏……在其不满百年的绚烂历史中，可圈可点之处无法埋没于历史尘埃之中。星期制的推行、地图绘制的进步、宗教祭祀的神圣，更为厚重的巴比伦文化增添一分亮丽的色彩。

星期制的实行

公元前1000年左右，美索不达米亚地区的天文学发展达到鼎盛。新巴比伦的迦勒底人被希腊学者称为天才的"天文学家"。古代两河流域晚期文献中保存大量天文观测记录，其中包括一段时期内每天的天象记录，以及一年内发生的特殊天象汇编和对某个星辰的专项观测记录。流传至今的文献中，有一份名为《星辰》的天文文献，表明公元前7世纪，占星家已经能够详细列举他们观测到的所有星辰的名字及其准确位置。新巴比伦王国时期，已经有占星家能够预测连续19年的闰月出现时间。

历法在新巴比伦时期也有了新的发展。在公元前6世纪以前，人们还没有找到置闰的长期合理规律，而是由国王根据情况随时宣布。到了公元前5世纪以后，有了固定的置闰周期。先是8年3闰，然后是27年10闰，后来到公元前4世纪确定为19年7闰。除此以外，巴比伦不是朔日，而是以新月出现的那天为一月的开始。

除了年和月，公元前7世纪至公元前6世纪，巴比伦人还有了另一个时间

第三章 新巴比伦王国

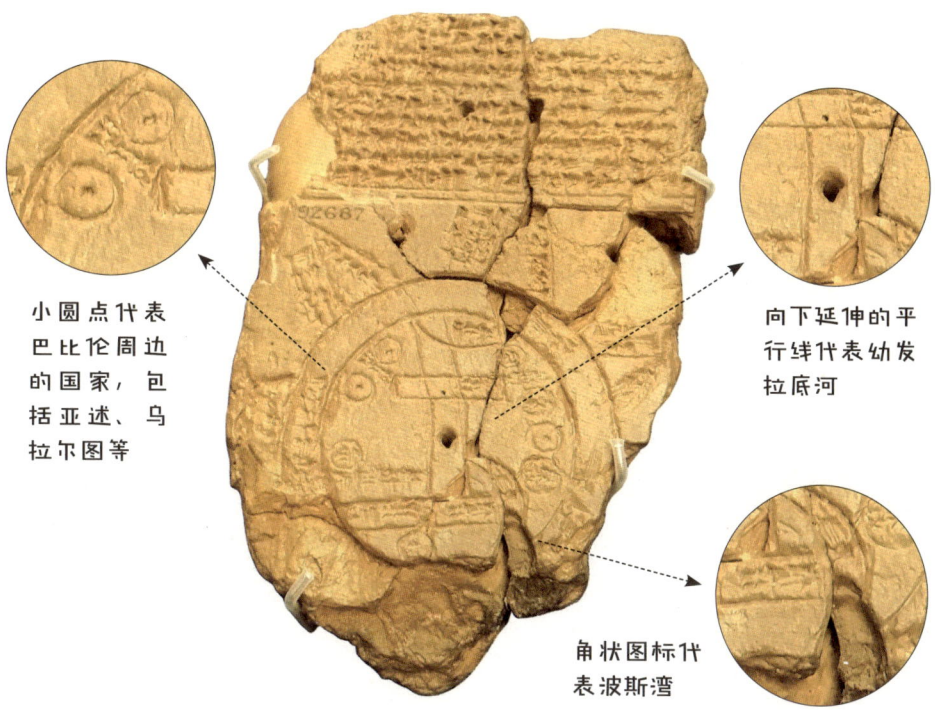

小圆点代表巴比伦周边的国家，包括亚述、乌拉尔图等

向下延伸的平行线代表幼发拉底河

角状图标代表波斯湾

🌿 **巴比伦世界地图泥板**

英国不列颠博物馆馆藏。在公元前600年左右巴比伦的一块泥板上，刻着巴比伦人对世界和宇宙的认识，这是世界上现存最早的世界地图。

单位——星期。他们把一个月分为4个星期，每星期有7天。古巴比伦人还建造七星坛祭祀星神。七星坛有7层，使用太阳、月亮和五大行星的名字命名各层的星神，依次是日、月、火、水、木、金、土。七位星神每周各主管一天，并以星神命名一星期的7天。太阳神沙马什主管星期日，称为日曜日；月神辛主管星期一，月曜日；火星神涅伽尔主管星期二，火曜日；水星神纳布主管星期三，水曜日；木星神马尔杜克主管星期四，木曜日；金星神伊什塔尔主管星期五，金曜日；土星神尼努尔塔主管星期六，土曜日。后来，巴比伦人的星期制传到古希腊、古罗马、英国等地，名字几经变更，形成了今天英语中一星期7天的名称。

探索古文明 巴比伦

地图测绘与城市规划

　　辉煌壮丽的巴比伦城、精巧奇妙的空中花园、高耸入云的巴别塔等都是新巴比伦王国时期建筑领域的杰作。这些精美的建筑之所以能实现，离不开建筑领域的相关技术和产业的发展。为了便于土地买卖、奖赏、赠予、分配，古巴比伦人成为世界上最早绘制地图的人。公元前2300年，他们就开始制作地图。他们将对外部世界的认知绘制在泥板上。世界上现存最早、最完整的地图产生于大约公元前600年，出自巴比伦人之手。从这块泥板地图可知，新巴比伦王国周围还有很多国家。在这些国家的外缘，是一片海洋，海洋之外则是偏远的土地。地图上有图例，其中标注着一些地区的神兽。图上有一组从中心延伸向下的平行线，代表幼发拉底河，有一个长方形标志着沼泽地区。波斯湾标记为角状，有几个小圆圈代表着巴比伦周边国家，包括

尼布甲尼撒二世重建的巴比伦复原图

图中蓝色的城门是伊什塔尔神门，远处白色的高台是埃台门安基，即通天塔原型。城墙后面白墙蓝色建筑的是尼布甲尼撒二世的宫殿。伊什塔尔门连接的道路是神圣大道，又叫游行大道。而修建此城的主要劳动力，则来自奴隶。

亚述、乌拉尔图和伊朗西部等地。总体来说，这幅地图所标注的地理环境与2000年后欧洲绘制的地图相似度非常高。

地图绘制、宫殿城池修建需要测量技术的配合。巴比伦人在土地测量与城市设计上追求精确，他们请测量员测量土地，标记界限，能在图纸上仔细标出建筑、街道、公园、神庙等功能区的位置。实际测量中，用三角形、四边形、正方形和圆形绘制土地边界。巴比伦人能够精确绘制一个城市的王宫、神庙和住宅的内部简图。

由于测绘和地图绘制技术的进步，城市建设规划也日渐完善。美索不达米亚平原的城市是逐渐发展起来的，城市的规划并非在一张白纸上设计笔直宽阔的街道，并将其连成一幅缜密清晰的格子图画，而是随着城市人口的增长，为了满足市民的需求而进行有机完善。街道通常蜿蜒狭窄，好利用道路两边的房屋为行人遮阴避阳。在交通汇集、人口集中处建设神庙和塔庙。宫殿要么与神庙相邻，要么另择隐蔽和静僻之处建设，以保障其安全。巴比伦是美索不达米亚平原最大的城市。据说，直到罗马帝国时代，巴比伦都仍然是世界上最大的城市，希腊哲学家亚里士多德曾经说："在巴比伦被攻占的时候，很多平民百姓是三天后才得知这一消息的。"

宗教祭祀

巴比伦人崇拜的神灵多达上千位，不过日常生活中经常拜祭到的，只有少数几位，主要是司管日常生活对其提供帮助的那几位神灵。

对巴比伦人来说，最重要的神首先是巴比伦城的保护神——马尔杜克。马尔杜克有四只眼睛，四只耳朵，张嘴说话口中喷火。他被视为"万物的创造者，众神之王，万方之主"，是巴比伦人宗教信仰中的主神，地位高于其他众神。埃阿是主宰大海和沃土的神，人们通常从埃阿神这里祈求获得智慧，他可以通过祭司传达口信，能够预测事情的发生。太阳神沙马什也是巴比伦

太阳神浮雕石碑

英国不列颠博物馆馆藏。这块浮雕石碑大约制成于公元前9世纪，表现的是高级祭司和女神护送国王面见坐在太阳轮后面的太阳神。石碑上还刻有一段文字，讲述了国王如何为神建造了一个新的雕像。

人心中地位尊崇的神灵。每天清晨，他从东方的群山中冉冉升起，放射出金色的光芒，他乘坐一辆战车从空中奔跑而过。

巴比伦人相信神的力量和他们对凡人的庇护，人们常去寺庙为个人命运祈求神灵庇佑，他们尽己所能为神灵提供优越的生活条件，为他们改善神庙条件，侍奉其衣、食、住、用，个人自发地进行祭祀，他们将准备的贡品供奉给某一个神灵，以获得神的眷顾和保佑。未婚女子为祈求姻缘，会给司管爱情的伊什塔尔献祭，期望伊什塔尔帮她寻找如意郎君。农夫通常供奉水神和土神埃阿，祈求获得好收成。士兵则向战神尼努尔塔祈求战斗中获得平安。除了普通百姓的供奉，祭司集团还会从神庙财产中为神灵提供祭品。

国家也会开展大型的祭祀活动。为了感谢神灵的保护和恩赐，人们在特定的日子有特定的祭祀活动，每周、每月或每年都举办相应的庆典。在丰收时节举办感恩节，春天剪羊毛，也有这样的庆祝活动。每年新年，也是祭祀神灵的重要节日。新年是巴比伦人一年中最重要的节日，被称为阿基图。新年在巴比伦历法的一月，尼桑月，节日庆祝持续11天。节日旨在强调重建宇宙秩序、生命复苏，并预测来年的国运。节日里，整个城市都沉浸在一片游行、盛宴和歌舞的氛围中。最重要的节日是春日举行的新年盛大庆典。庆典上将上演巴比伦创世神话的戏剧，反复强调马尔杜克如何创造了这个世界。庆典尾声阶段，国王放下权杖，不带有任何权力标志地进入神庙，如同一个普通人。随后，国王会遭到掌掴，眼中充满泪水，这是一个仪式环节，以提醒国王也可能犯错，需要谦虚谨慎。随后，国王将听取神灵关于下一年的预言，取回权杖，走出神庙，继续掌权的工作。这一天，人们还会清洗众神灵的雕像，为其更换新的干净衣服。

历史档案馆

拥有特权的祭司

说到美索不达米亚地区的宗教崇拜，就不得不提到一个特定的群体——祭司。祭司是神庙里的神职工作人员，负责主持神庙内的祭祀供奉、节庆典礼、祝福祈祷、占卜测算等活动。作为掌管神庙一切运转的专司，联结神和人类沟通的纽带，祭司是一个备受尊崇的特殊群体。

当时，人们认为国王的权力是神的恩赐，而祭司是神的代表，国王的权力如要获得合法性确认，必须从祭司手中接过权杖。并且，除了法律、贵族对国王形成限制外，祭司的约束势力是最大的。

祭司掌管神庙的全部财产。出于宗教原因，统治者对神庙捐金赠银十分慷慨，还有土地划拨给神庙。赢得战争以后，也会率先将战俘、战利品供奉给神庙。祭司作为神庙的管理者，出租土地、经营钱庄、扩张财富，他们也是少数知识渊博的人群，神庙往往开设学校，祭司不仅担任学校主事，而且教授知识、传播宗教。他们是权力、财富、地位兼得的特权阶级。

祭司的出身选拔也有讲究，他们大多出自名门望族，世袭职位与称号。祭司内部也有等级之分，高级祭司负责主持重大的祭祀庆典活动。普通祭司则各有分工，有的领唱赞歌，有的负责清扫，有的主持祭酒，有的负责驱魔，还有的负责占卜、观象等。

专　题

巴比伦人的社会生活

婚丧习俗　起居饮食　休闲娱乐

> 大概从公元前6000年起，巴比伦人的社会生活就很丰富多彩了，他们有比较完整的婚丧嫁娶制度和家庭伦理观念，他们制酒，享受音乐，使用香水、香皂。最重要的一点是，妇女的劳动力已初现解放的苗头。比之今天，我们只不过是将古人生活的各个领域加以深化、细化而已。

巴比伦人的婚丧习俗

巴比伦人以家庭为生活中心。和中国一样，父亲担任一家之主的角色，妻子和儿女对其丈夫、父亲需要绝对服从。在经济困难的时候，父亲可以将他的子女卖为奴隶，也能安排子女的婚姻。父亲去世之后，其长子成为新的一家之主，家庭其他成员要像此前服从父亲一样服从新的一家之主。如果所有子女都尚年幼，将由母亲担任过渡时期的一家之长管理家庭事务。

巴比伦人成年以后大多数都会进入婚姻生活，他们大多在十几岁到二十岁之间组建新的家庭，养育子女，年老之后仰仗子女的赡养。而婚姻，有时候可以成为一家之主交易的筹码。两家的父亲如果就子女嫁娶事宜达成一致意向，则会订立一个合约。女方父亲提出男方家庭需提供的聘金，聘金的数额取决于新郎家的财力，一般是1舍克勒或者1米纳。女方家庭会为即将出嫁的女儿准备钱财或礼物作为嫁妆。如果是阿维鲁家庭，嫁妆可能是金、银或宝石，如果是穆什根努家庭，则可能为女儿提供一篮子谷物或者一只绵羊作为嫁妆。

受考古材料的限制，今人对当时婚礼仪式的具体情况了解有限，但有可能非常简单。新郎与新娘交换誓言,说类似于"我把金银放在你的膝盖上,你是我的妻子,我是你的丈夫"的誓言,就组建起新的家庭。结婚容易,离婚也非常简单。丈夫表示"你不是我的妻子",或者妻子说"你不是我的丈夫",他们的婚姻关系就解除了。如果解除婚姻,结婚时妻子带来的嫁妆都应该归还她,但如果嫁妆被花掉,就没有办法离婚。

人的去世,在巴比伦时期不例外也是一件大事。对于逝者,并不能简单一埋了事,而要经过洗浴、化妆、包裹亚麻布等一系列处理程序,才能放入棺材。《吉尔伽美什史诗》中,恩奇都去世以后,他的好友吉尔伽美什用亚麻布将其包裹好,小心翼翼地放进棺材。在哀悼仪式上,由专门的祭司主持,组织逝者生前亲友吊唁。参与吊唁的亲友,一律摘掉头饰,取下帽子,撕碎衣服,

巴比伦城复原示意图

穿上丧服，撕扯着自己的头发、胡须扑倒在地，用刀子割破自己的身体以表达对死者的怀念。此外，吊唁会上，还要准备牛、山羊作为祭品，表达对死者的思念。

古代美索不达米亚人最通常使用的埋葬方式是土葬，苏美尔、巴比伦人、亚述人的丧葬观念相似，他们不相信来世报应，因此普通百姓的埋葬方式非常简单。他们要么埋在城里，要么埋在自家庭院，要么埋在房间里的地板下。土坯垒起来就是一个墓穴，两个大陶罐的开口相连，就是一个棺材。

王宫贵族们的丧葬方式当然就大不一样了。国王的棺材一般采用贵重石料或者石灰石制作而成，墓穴是砖头砌成的拱顶墓穴，入口采用青铜门或者青铜镶嵌的木门，墓穴内有大量的金银铜器、宝石、乐器、陶俑、战车等琳琅满目的陪葬品，还有数量众多的殉人，一般是卫士、随从、宫女、乐师等。

日常起居饮食

巴比伦人过着日出而作、日落而息的生活，他们以家庭为单位居住在一个屋檐下。一般家庭有几个小房间，富裕人家拥有更大的房子。他们的床铺通常是木架制作的，铺垫着羊毛、山羊毛或棕榈叶作为床垫。穆什根努家庭睡的床垫用稻草铺就，席子用芦苇编制而成。阿维鲁的上层人有能力享用精致舒适的亚麻被单和羊毛毯。

洗浴对巴比伦人来说，也是生活的必需程序之一。贵族阶层的宫殿和宅邸中有一间专门用于洗浴的浴室。人们用水或精油洗浴，水运送到浴室内，所以可能不是淋浴。富裕家庭的浴室非常宽大，大约4米长，5米宽。墙壁采用上釉的砖砌成墙裙，地面也用砖砌成，还加了一层沥青防水。当时的浴室没有下水道，一般通过将地面修得倾斜，旁边修建一条砖砌的排水沟，让水流进排水沟，排到土地里。

美索不达米亚人很早就懂得借助工具让自己身体更清洁、更芳香，提升魅力。据史料记载，最早发明肥皂的，就是公元前3000年的美索不达米亚人，他们掌握了将1份肉桂油和5份碱性植物灰与水混合，制成肥皂。沐浴时，富裕的巴比伦人先用肥皂擦洗身体，仆人则用水为他们将泡沫冲洗干净。沐浴一新之后，女性会使用化妆品和香水进行装扮。考古学家在乌尔王陵里发现了多种色彩的化妆工具，有白、黑、黄、红、蓝、绿多种颜色，这些是为了让逝者保持最美好的一面。

亚述时期，人们懂得制作香水，他们将各种有香气的植物浸泡在水里，将植物精华和油混合，于是产生香水。米坦尼国王将女儿嫁给埃及法老为妻，给女儿赠送了一瓶香水作为礼物。在马里，香水原料来自雪松、柏树、桃金娘科植物等有香味的木料树脂，还有一些是进口而来。

两河流域的一个普通的劳作家庭通常早上吃一顿，傍晚吃一顿。贫穷家庭吃的谷物制品往往比较多，因为这个对他们来说经济实惠且容易获得，而富裕家庭所享用的食物品种更丰富，肉类也更多，这个价格昂贵。面包和酒是两河流域的人们不可或缺的食物。面包是苏美尔人献给人类的食物。考古发现，早在距今6000年到4000年，美索不达米亚人就已经开始大规模制作、消费面包与酒了。考古学家在苏美尔古城遗址发现很多砖砌炉灶和多眼烹饪灶，人们将大麦磨成粉，和面，发酵，烘烤，制成面包，还可以添加蜂蜜或椰枣汁，以丰富其口味。

至于美酒的发明，尤其是啤酒，历史学家尚不能在苏美尔和埃及之间统一观点。根据泥板文字材料记录，苏美尔人在6000年前已采用发芽酿造法酿酒，考古发掘发现，当时苏美尔已有酿酒作坊，作坊里有酿酒的炉子、圆桶和储酒坛子。埃及5000年前的壁画上则刻画了酿酒画面，当时的酒类主要有啤酒。考古学家还发现了最早的啤酒配方：将燕麦脱去外壳，方便其发芽，储存起来，然后把粉碎的燕麦和大麦芽加水混合，放入酵母，经过发酵、烘烤，制成了啤酒面包。啤酒面包就是制作啤酒的原料，酿制啤酒时，先将啤酒面包捣碎加水，放入肉桂、叫作"格斯汀"的发酵物和蜂蜜，用筛子过滤、澄清，然后倒入某个容器，发酵好以后，就是备受欢迎的啤酒了。

苏美尔的啤酒和我们今天的啤酒很不一样，饮用方法也大不一样。从泥板画上可以看到，当时喝啤酒需要一定的技术含量。泥板画中，啤酒放置在一个容器中，人们用麦秸秆做成的吸管吸取饮用，这种吸管一般差不多有半人高，喝酒时，酒坛必须放在地上，人坐在凳子上。苏美尔人还制作了许多啤酒赞歌，最广为流传的，是那首"宁卡西，是你双手捧着那无上甜美的麦芽汁；宁卡西，是你将滤清的啤酒从瓮中倾倒，恰似底格里斯河与幼发拉底河的激流"。其中提及的"宁卡西"，是苏美尔的啤酒女神，相传也是诸神的酿酒师。因此，苏美尔社会中的酿酒师一般都是女性，供奉宁卡西的神庙中的女酿酒师通常也是女祭司。

除了啤酒，两河流域的人们还制作葡萄酒、烈酒等，其中葡萄酒的制作最为简便，只需在适宜的温度下，将裂开的葡萄酒放在容器里发酵，不需任何添加剂，即可完成。

在耶鲁大学巴比伦文物陈列馆中有3块泥板，经破译，我们知道了它记录的是汉谟拉比时期的菜谱，这被人们认为是世界上最早的烹饪手册。上面记录的菜肴有炖肉、炖萝卜、煨小山羊肉。煨小山羊肉中添加了大蒜、洋葱、肥油、酸奶。炖萝卜的烹饪方法如下：一锅水烧开以后，放入肥油，加入洋葱、脊状荆棘调味料、茴香和卡拉苏豆，然后将韭葱、大蒜捣成泥，浇在菜上，最后放入洋葱、薄荷。

❦ 萨尔贡二世时期的玻璃瓶

丰富多彩的休闲娱乐

出土的泥板和雕刻作品中的绘画向人们展示出，早在几千年前，两河流域的居民在劳作之余，就拥有丰富多彩的休闲娱乐生活。他们的休闲生活,既有聚会、宴席、音乐、舞蹈等纯娱乐性质的,也有狩猎、赛马等竞技性的。

考古发现,音乐是巴比伦人生活的重要组成部分。早王朝时期,音乐是祭神活动的基本组成部分。在公元前3000年的一块祭献泥板上,刻画了宴饮画面,其中就有乐师参与祭祀宴会。在乌尔王陵中出土的一批乐器,弥补了历史学家的知识空白。当时出土的乐器,有竖琴、里拉琴、吹奏乐器、对击板等。它们制作精良,样式精美,在9架里拉琴残骸中,甚至有5架可以修复,它们有金、银和青铜的公牛装饰,镶有马赛克彩石的边。竖琴琴架镶有牛头作为装饰,用青金石和金箔制成。琴身采用黄杨木,正面用沥青镶嵌着人和动物,表现英雄吉尔伽什的战斗故事情景。

法国卢浮宫博物馆馆藏。一对音乐家形象的雕塑,雪花石膏材质,约创作于公元前2450年的苏美尔时。此雕像一定程度上反映了当时人们在音乐上的艺术成就。

在献给乌尔王舒尔吉的颂文中,有文字称颂舒尔吉擅长演奏"婉妙的三头琴……一种使人心旷神怡的三弦乐器",并表示他善于演奏的乐器还有10余种,至今尚不知是什么乐器。种种史料说明,在5000年前,就极有可能出现职业化乐师,以及分工明确的交响乐队。

在早期,使用音乐的场景主要是宫廷、神庙,或王家宴饮、庆典和神庙祭祀活动。后来,随着城市化发展的进程,音乐也走进普通百姓家庭,乐器种类也日益丰富。后来,还新出现了风笛、七弦琴、鼓、角、喇叭等乐器。到阿卡德人统治时期，出现了鲁特琴，这是一种有棒状长颈和特小音箱的琴，还有经过改制的里拉琴，陶质动物形的哗啷器。古巴比伦时期，出现三角竖琴、新样式的哗啷器、带支架的锅状鼓。亚述时期，出现圆筒形鼓、漏斗状鼓和箭式状鼓以及笛、号、双簧管。

亚述人能征善战，狩猎是他们热衷的活动。通过狩猎活动，可以展现国王及其民族的英勇剽悍。而且，在两河流域地区，狩猎活动还富有浓厚的宗教色彩。射杀狮子和其他大型动物，被视为神灵赋予国王的神圣职责。在流传下来的浮雕、雕刻、铭文中，均有狩猎活动的体现。除此之外，巴比伦人还有摔跤、拳击、击球、战车赛等活动。赌博活动也是他们的娱乐方式之一。在乌尔王陵出土的文物中，有一种像游戏板的器具，经考证，这是一种两个人玩的、带有游戏性质的赌具。

古代美索不达米亚的妇女生活

古代美索不达米亚的妇女在家庭中处于从属地位，但是她们的社会角色是多样的。她们允许拥有自己的财产，允许做生意。妇女从事的生意，大多是从她们的家务劳动衍生而来的，例如做面包、酿啤酒、纺织、缝纫等。

但妇女从事的工作不止于此。她们读书识字以后可以担任书吏，这是非常有价值的技艺。阿维鲁妇女还有机会成为神庙女祭司，她们拥有一批女仆、助手和表演者。大多数女祭司不允许结婚，少数允许结婚的也不允许生育子女。

除此之外，妇女还可以从事医生、占卜师、珠宝工人、艺术家等职业。妇女最有可能的职业是占卜师，所以大部分占卜师都是妇女。而医生这个职业对于女性就比较困难，因为男人也可以做医生，这样加大了女性从业的竞争性。

对大多数女性来说，她们最主要的职责是生孩子。遇干旱、饥荒或瘟疫，婴儿死亡率上升，如果一家有两个孩子，那么，极有可能只有一个能活到成年。如果母亲没有足够的乳汁喂养婴儿，则可以雇用一名哺乳期的妇女作为乳母。

在两河流域，从巴比伦时代起，人们开始使用家族名。名字后面冠以父亲

古巴比伦时期的项链吊坠和珠子

美国纽约大都会艺术博物馆馆藏。约公元前18世纪到公元前17世纪制成于美索不达米亚地区，据说来自迪尔巴特。这些金色吊坠和珠子体现了古代近东地区最精湛的黄金工艺，每一个都代表着神灵或神灵的象征。这两位女性角色，戴着长角牛头饰和长款荷叶边连衣裙，可能代表着保护女神祭司。光线从中心轴发出的光盘代表着太阳神沙玛什。分叉的闪电是风暴之神阿达德的象征。带有粒状玫瑰花结的两个圆盘可能是爱情、生育与战争女神伊什塔尔的象征。具有相似符号的项链可以在后来的亚述人墙壁浮雕中的皇室人物身上找到，并且可能同时作为珠宝和护身符。

名字，相互区分。家族名通过儿子传承，因此生育儿子和孙子对家族名誉非常重要。奴隶则没有家族名。如果自己没有孩子，一对夫妻可以选择收养子女。收养的子女与亲生的一样享有同等的合法权利。

第四章

波斯帝国的兴衰

  波斯帝国是西亚文明史上的奇迹,其两百余年的兴衰历程充满了战争的壮烈与荣耀,却也满含阴谋与失败的悲哀。居鲁士一手创建波斯帝国,却被冈比西斯搞得一塌糊涂,巫师高墨达窃取王位,大流士铁血复国,力行改革。波希战争为波斯帝国敲响了衰颓的丧钟,亚历山大一举将其推向末路。如此辉煌的大帝国究竟是怎样登上历史的巅峰?又是如何滑向覆灭的深渊?本章将为你详细展示这一波澜壮阔的历史画卷。

高墨达暴动

亚历山大大帝东征

探索古文明 巴比伦

居鲁士大帝

约公元前 559—前 530 年

有一位君王，他从伊朗西南部的一个民族小首领起家，打败米底、吕底亚和巴比伦三大帝国，缔造了第一个横跨亚、非、欧三洲的庞大帝国。他拒绝烧杀抢掠，优待俘虏，以宽容亲善维护自己的统治，被称为"最可亲的征服者"，可谓那个时代的奇迹。他就是波斯帝国的开国君主、"伊朗国父"居鲁士大帝。

离奇身世

作为开国君主，居鲁士二世的身世充满了天授王权的神秘感。

公元前612年，米底王国和新巴比伦王国联手毁灭亚述帝国以后，米底王国成为统治伊朗高原的主要力量，也是西亚势力最强的王国之一。波斯人是游牧民族，他们于公元前2000年末开始迁徙至伊朗高原定居。尚未统一的波斯人各部落在米底王国的统治下生存，臣属于米底王国。

米底国王阿斯提阿戈斯有一次做梦，梦见自己女儿芒达妮的子嗣将夺取米底王位，成为亚细亚地区的一代霸主。阿斯提阿戈斯梦醒后感到十分不安，因为如果女儿的后代登上王位，意味着他的嫡系儿子一脉将遭受不测，王位也将落入外戚手中。为了避免这一局面成真，阿斯提阿戈斯决定将女儿嫁给地位低下且性格温和的波斯王子冈比西斯，因为在当时的米底，波斯人被认为是劣等民族，冈比西斯为人老实忠厚，国王认为他们的孩子肯定天资不足，不会对王位构成威胁。

第四章 波斯帝国的兴衰

后来，芒达妮怀孕了。阿斯提阿戈斯又做了一个梦，他梦见芒达妮的肚子上长出了葡萄藤，蔓延至整个亚细亚。阿斯提阿戈斯又一次不安，而且担忧更加强烈。为了保障王位传承，他决定等孩子出生，如果是一名男婴，就立即把他处死。于是，约公元前600年，这个孩子呱呱坠地，就被阿斯提阿戈斯交由亲信大臣哈尔帕戈斯处置。

哈尔帕戈斯得知国王想要处死婴儿的原因之后，暗自担忧，如果国王梦中的暗示是真的，自己杀死婴儿，恐怕会违逆神谕而招来不测。因此，他未亲自动手，而是找到一位牧人，命令他将孩子抛于荒野，让孩子生死由天，自己免于承担神灵的惩罚。可是牧人于心不忍，巧合的是，他的妻子正好刚刚生产，诞下一名死婴。牧人于是决定将孩子收下抚养，用自己死去的婴儿代替交差。这个死里逃生的孩子，就是居鲁士二世，后来的居鲁士大帝。

这名牧人的妻子名叫斯帕克，在米底语中，意为"母狼"。后来，便有传言说，居鲁士幼年时是由母狼哺育长大的。

居鲁士长到10岁，和附近的孩子们一起玩耍时，玩了一个扮国王的游戏。居鲁士被孩子们推举为"国王"，他"下令"鞭笞了一个抗命的贵族孩子。事情闹大以后，经过调查，国王阿斯提阿戈斯发现，这个居鲁士就是当年自己想

居鲁士大帝半身像

探索古文明 巴比伦

要杀死的外孙，这令他惊恐不已。然而，宫廷祭司劝说，这个孩子在游戏中已经当过国王，他不会再成为国王。于是，阿斯提阿戈斯最终决定将他送回波斯。

但是，阿斯提阿戈斯弄清居鲁士死里逃生的原委后，气愤不已，处死了哈尔帕戈斯年仅13岁的独子，并将其煮熟，勒令哈尔帕戈斯当场吃下。哈尔帕戈斯隐忍地承受巨大的丧子之痛，心生愤怒，这为后来米底王国的覆灭埋下了引子。

铁蹄下创建帝国

在强大的米底王国统治之下，波斯人长期处于附庸地位。直到居鲁士二世长大。公元前559年，居鲁士二世继冈比西斯后成为波斯人首领，他首先统一了波斯各部落。

随后，他开始谋划攻打米底。当初受嘱托处死小居鲁士的大臣哈尔帕戈斯启动为子复仇的计划，他与居鲁士二世取得联络，请求当其内应。公元前553年，居鲁士二世向米底王国发起进攻，战争持续三年，直到公元前550年，米底都城终于被攻破，米底及其在安纳托利亚地区的广阔领土被居鲁士二世一一收入囊中，波斯帝国正式建立。波斯帝国先后起落多次，由于居鲁士二世属于阿黑门尼德家族，因此他所开创的这一政权，史称"阿黑门尼德王朝"，也称"波斯第一帝国"。

米底战争之后，居鲁士二世谋划继续向西北部进攻。面对日益崛起、来势汹汹的居鲁士二世，强邻吕底亚王国的国王克洛伊索斯担忧不已，他想趁波斯国政权伊始、根基未稳，先下手灭掉它。他派人去希腊的德尔菲阿波罗神庙祈祷，获得神谕："如果你出兵攻打，一个大帝国将毁

波斯帝国时期的金瓶

第四章 波斯帝国的兴衰

灭。"克洛伊索斯大喜过望，但出于担心，他再次祈求，神再次给出预告："如果一匹骡子变成米底国王，你这个两腿瘦弱的吕底亚人，必须沿着多石的海尔莫斯河逃跑。"克洛伊索斯认为，米底国王永远不可能由一匹骡子来当，于是，他果断决定出征波斯。

双方在波斯城市普特里亚展开一场会战，各有伤亡，胜负未分。然而，让克洛伊索斯意外的是，居鲁士二世随后竟化被动为主动，直击吕底亚本土。吕底亚人慌忙迎战，于吕底亚首都撒狄郊外的锡姆伯拉平原决战。在此一战，吕底亚人依旧依靠传统的长矛骑兵作战。居鲁士二世则组织了随军运输军需的骆驼，配备骆驼骑手，走在队伍最前端，步兵骑兵在后。据说马害怕骆驼，不能忍受骆驼的气味。果然，吕底亚的马队遇到骆驼以后，转身逃窜，致使场面慌乱不已。吕底亚的骑兵跳下马进行肉搏，最终溃败逃跑。两周以后，波斯军队终于攻进撒狄城，占领了吕底亚王国。失去国家的克洛伊索斯此时终于明白了神谕的真正意义：他出兵攻打，毁灭的帝国是自己的帝国。而居鲁士二世是波斯人与米底人的混血儿，正如同骡子是马和驴的混种一样。

灭亡吕底亚，意味着将安纳托利亚高原的大部分地区都纳入波斯的版图。居鲁士二世继续征战，占领了爱琴海东岸的部分希腊城邦。此时，西亚三足鼎立的强国只剩一家，就是新巴比伦王国。但居鲁士二世按兵不动，耐心等待，直到公元前539年，巴比伦内部局势动荡。居鲁士二世派部下乌戈巴鲁挥师进攻，兵不血刃，拿下了巴比伦城，乌戈巴鲁成为这个地区的行政长官。美索不达米亚平原持续了三千年之久的独立自治环境就此告终，迎来外族入侵和统治的历史阶段。

此后，居鲁士二世发动东方战役，矛头直指伊朗东部和中亚地区，占领了阿富汗山区以西和中亚大部分领土。波斯帝国统一古代中东的大部分地区，成为从印度到地中海、幅员辽阔、丰富繁荣的新一代帝国。波斯帝国不仅是历史上第一个可称得上具有世界意义的大帝国，它还开启了印欧语系人种在

探索古文明 巴比伦

中东地区统治的历史，曾辉煌一时的闪米特等民族，自此以后不得不接受其长达12个世纪的统治。

理想统治者的典范

毫无疑问，居鲁士二世是一位军事天才，但他更是一位充满才干和智慧的统治者。后人之所以对他不吝表现极大的推崇与尊敬，并不仅仅在于其赫赫战功和开创帝国，更在于他的宽容大度和空前的治国理政新理念。

居鲁士二世创建了一个多民族国家，融合了不同的语言和文化。据后来的王位继承者大流士称，居鲁士二世征服了70多个民族。面对这样的复杂国情，居鲁士二世没有像以往的帝国那样，通过毁灭城市、镇压居民、迁居臣民、俘虏为奴等方式巩固统治，而是采取亲善政策，用宽厚包容的心笼络被征服的民族。历史学家往往认为，"他的宽容达到了古代世界的顶峰"。

居鲁士大帝墓

居鲁士大帝的陵墓是波斯首都帕萨尔加德最重要的历史遗迹。当亚历山大摧毁波斯波利斯的时候，曾来到居鲁士大帝的陵墓前，命令一个士兵进入陵墓。除了一些金银宝器，还发现一块石碑，碑文写道："过往者，我是居鲁士，我开创波斯帝国，是世界之王……"可惜石碑未能保存至今。

第四章　波斯帝国的兴衰

探索古文明 巴比伦

> 我向太阳发誓，不管你多么嗜血如狂，我也会叫你把血喝饱的！

🌿 油画《托米丽斯的传说》

波士顿美术博物馆馆藏。由比利时画家彼得·保罗·鲁本斯绘制，高205.1厘米，宽361厘米。这幅画描绘的是马萨革泰女王托米丽斯击败了波斯国王居鲁士，割下其首级，放入盛满人血的革囊。这幅画可能是鲁本斯的赞助人，荷兰南部的统治者大教堂伊莎贝拉委托绘画。画作由鲁本斯设计，主要由工作室助理在他的监督下执行，鲁本斯的儿子担任左边页面的模特原型。

对于米底战争中的手下败将、曾经企图谋害他的外祖父，居鲁士二世不仅没有杀他，反而要求外祖父与自己共同生活，令其颐养天年。他打败了吕底亚帝国，但给予克洛伊索斯作为君王的待遇，听取他的忠告建议。他征服巴比伦，写信要求军队不许扰民，释放了历史著名的"巴比伦之囚"，允许他们回到耶路撒冷，并派军队护送。他将尼布甲尼撒二世掠夺来的祭祀器皿归还犹太人，以人力、物力支持他们重建圣殿。他尊重巴比伦人的传统宗教信仰，支持修缮巴比伦神庙，归还神庙产业，还参与巴比伦的新年庆典仪式。历史记载，公元前539年，当进入巴比伦城时，他宣称："我是居鲁士，世界之王，伟大的王，合法的王，我的统治为贝尔和那波所爱，他们希望我为王取悦他们的

第四章　波斯帝国的兴衰

心。当我作为一个朋友进入巴比伦，在庆祝和欢呼中以统治者的身份确定征服的所在地，伟大的主马尔杜克劝服了高尚的巴比伦居民，每天我都竭力赞美他。我的无数军队在巴比伦和平地闲逛，我不允许任何人恐吓苏美尔和阿卡德国家的任何人。"

公元前546年开始，他在波斯的发源之地兴建首都，命名为帕萨尔加德，这是阿黑门尼德王朝的第一个都城。作为一个尊重文化多样性的帝国，帕萨尔加德的建设也无处不体现多元文化的融合与共存。宫殿和王陵的建筑汇集了多种多样的文化元素，波斯风格的廊柱大厅、亚述风格的浮雕、爱奥尼亚风格的雕塑等，一一得到展示。

居鲁士二世的宽厚仁慈，传递着亲善的统治理念和政策。连与波斯人为敌的希腊人都曾不吝评价他："居鲁士是理想统治者的典范。"

历史档案馆

居鲁士二世之死

居鲁士二世自约公元前550年建立波斯王国，至公元前530年因死亡结束统治。但他是如何死去的，始终是一个历史之谜。

据希罗多德《历史》记载，居鲁士二世攻占巴比伦城后，就向东方进军，指向伊朗东部和中亚地区。公元前530年，半游牧民族马萨革泰人渡过阿拉斯河前来骚扰波斯的东北边境。居鲁士二世毅然决定率军亲征，征服中亚地区的游牧民族。出征之前，他甚至确立儿子冈比西斯二世为王位的继承者。

战争伊始，居鲁士二世直奔里海东岸草原的马萨革泰人部落，并顺利地擒拿马萨革泰王子并杀死。随后，马萨革泰女王托米丽斯为子报仇，诱居鲁士军队深入腹地，双方展开了一场惨烈的决斗。希罗多德著作中说，这是"蛮人进行的最激烈的一次战争"。在这场战争中，波斯军队折损大半，居鲁士二世战死沙场。据说，战争结束后，马萨革泰女王用革囊盛满人血，在战场上找到居鲁士二世的尸体，割下其首级放入盛满血的革囊。居鲁士二世的儿子冈比西斯二世10年后征服马萨革泰人，才得以将父亲的遗体带回安葬。

探索古文明 巴比伦

高墨达暴动

约公元前 522 年

波斯帝国的新舵手冈比西斯继续致力于开疆拓土，然而对外征战上的节节失利动摇了国内贵族势力的信心，他暴虐易怒的个性也让臣民感受到他与其父居鲁士二世的差距，人们期盼更为贤明的君主。就在这时，一名巫师正在悄悄地谋划着一场暴动……

失去人心的冈比西斯

居鲁士二世的帝国继承人是冈比西斯，他是居鲁士大帝与阿黑门尼德族人帕尔那斯佩斯之女卡桑达涅皇后的长子。早在公元前539年，居鲁士二世占领巴比伦的时候，冈比西斯就已经成年，并很快被立为王储。在公元前538年3月27日的巴比伦新年庆典上，冈比西斯作为居鲁士大帝的代理人出席了庆典仪式。此后，他居住在巴比伦长达8年时间，每年均以居鲁士大帝的代理人身份出席新年庆典。因此，当地居民对他很早就形成认可，把他当作自己的统治者，但冈比西斯的衙署在北方的锡伯尔而不是巴比伦。历史学家通过考古文书发现，作为王储，冈比西斯掌握的实际权力却并不大，甚至连履行王储的例行职责都存在困难。

公元前530年，居鲁士二世准备离开波斯出发前去征讨马萨革泰人。出发前，他确立冈比西斯为帝国继承者，并授予他使用"巴比伦之王"的称号，自己继续享冠"天下四方之王"。考古发现，公元前530年3月的一天，新年庆典结束后不久，波斯的商业文书中开始使用冈比西斯和居鲁士二世的双重纪年,这意味着冈比西斯正式开始以帝国统治者的姿态登上历史舞台。

居鲁士二世还有一个儿子叫巴尔迪亚,三个女儿分别叫阿尔杜司托涅、阿托莎、洛克桑娜。按照埃兰的习俗,冈比西斯迎娶了两位自己的亲姐妹阿托莎、洛克桑娜。人们认为,只有居鲁士的儿子才最有资格迎娶居鲁士的女儿,这样才可以最大限度地保持开国帝王的血统得到最纯正的继承。类似的近亲结婚,在波斯帝国的宫廷中曾多次上演。

冈比西斯的弟弟巴尔迪亚,在居鲁士二世在位时,被任命为东部几个行省的总督。据说巴尔迪亚身强体壮,善于骑射,被誉为神箭手,统率东部军队近10年。根据希罗多德《历史》的记载,冈比西斯一次梦见巴尔迪亚坐到了自己的王位上,梦醒后,他便派亲信普列克萨司佩斯秘密地处决了巴尔迪亚。

正式掌权之后,自公元前535年开始,

雕刻版画《冈比西斯的判断》

弗兰芒艺术收藏馆馆藏。由荷兰画家杰拉德·大卫绘制,高202厘米,宽175厘米。冈比西斯执政时非常敏感。一次,他问大臣普列克萨司佩斯国人对自己的看法,普列克萨司佩斯一言不慎,惹怒了冈比西斯,于是,他就要拿普列克萨司佩斯的儿子开刀,来证明自己没错。结果,冈比西斯射死了普列克萨司佩斯的儿子,他狂笑道:"看吧,我很清醒,是波斯人疯了!"

冈比西斯向埃及发起进攻，多次交战后终于成功征服埃及。然后，他沿着尼罗河继续前进，将哈里杰绿洲从底比斯人手里夺过来。然后，他试图入侵埃塞俄比亚，却并不顺利。随后，冈比西斯试图率军入侵古实王国，穿越沙漠时，军队折损严重，不得不返回。军事远征上连续遇挫后，埃及爆发了反对波斯的暴动。公元前523至公元前522年，冈比西斯迅速返回埃及镇压了暴动。然而，据说冈比西斯执政风格暴虐，不得人心。

相比居鲁士大帝获得极高的尊崇与爱戴，冈比西斯在历史记载中很长时间都以残忍暴戾的形象存在，关于他的负面传说流传至今：他残忍杀害手足兄弟，与姐妹乱伦，把斟酒仆从当箭靶射死，将12位贵族头朝下活埋。在埃及，他挖出雅赫摩斯二世的木乃伊焚烧泄愤，杀死埃及的"圣牛"阿庇斯……他的罪恶重重。其中有一些指控，遭到后世历史学家的质疑和推翻，例如姐妹乱伦在当时并非个案而是一定程度上的风俗，杀死"圣牛"可能是误指。但总之，冈比西斯的统治并不如他的父亲那样赢得人心，又因为他长期在外征战，后方疏于约束，军事上又屡屡遇挫，于是，波斯帝国内部的反动势力蠢蠢欲动。

高墨达发动政变

公元前522年3月11日，一名叫作高墨达的巫师假称自己是巴尔迪亚，并打着巴尔迪亚的旗号，在波斯国内的庞里什瓦德地方的阿尔卡德里什山发动起义，史称"高墨达暴动"。

暴动在全国一度引起强烈反响，"于是，所有的人，波斯人、米底人以及其他诸省都骚动起来"，巴比伦、埃兰、亚述、埃及等国趁机宣布脱离波斯，从跟随冈比西斯转而倾向于支持高墨达。冈比西斯得知叛乱消息后，急忙任命族人雅利安德斯担任埃及总督，自己立马班师回朝，走到卡尔迈勒山附近的埃科巴坦那，却神秘去世，死因至今成谜。

第四章 波斯帝国的兴衰

冈比西斯与埃及法老普萨姆提克三世会面

冈比西斯在仅有的史书记载中是一个十足的暴君形象,而在同一时期,埃及新上任的法老普萨姆提克三世虽然没有冈比西斯那样残暴,但也很不受自己臣民的待见,这两个国王可谓"同病相怜"。

公元前522年4月11日,高墨达以巴尔迪亚的名义在巴比伦称王,并获得认可。7月1日,他在整个帝国范围内取得承认。他宣扬并承诺将免除全国3年的赋税和兵役,废除各地的氏族庙宇,要求全国人民尊崇同一个宗教——琐罗亚斯德教,以此加强中央集权统治。同时,他也剥夺了奴隶主贵族们的"牧场、畜群、奴隶和宅邸",因此得罪了贵族群体。

高墨达是米底人,也是冈比西斯的王室亲属,同时还担任波斯宫廷总管一职。作为宫廷总管,他对冈比西斯暗杀巴尔迪亚一事了如指掌,甚至有可能是同谋。冈比西斯的统治暴行和征战失败,导致人们对他大失所望,他们期待再次出现一位居鲁士二世那样的明君。而居鲁士二世的另一个儿子巴尔迪亚正是人民心目中再合适不过的人选。高墨达正是抓住了这样的机遇和人们的心理，再加上他和巴尔迪亚长相相像，有先天优势，于是自立为王。

> 高墨达自立为王，并宣布免除波斯人、米底人、埃及人等人的赋税及兵役，后遭到"波斯七贵"的联合镇压。大流士把镇压高墨达的情况用古波斯语、埃兰语和阿卡德方言刻在贝希斯敦山上，故也称"贝希斯敦铭文"。

冈比西斯在去世前吐露自己曾秘密谋杀弟弟，但是他已经失去了人们的信任，并没有人在意他的言辞。曾经帮助冈比西斯秘密杀害巴尔迪亚的普列克萨司佩斯，因害怕遭到报复故坚决否认这件事。而且，也没有明显的证据证明现在的巴尔迪亚是伪冒的，因此，朝野上下没有人能揭穿这个新上任的君王。

露出马脚

高墨达为防自己的真面目被发现，他深居简出，几乎不召见有名望的波斯贵族，也很少在公共场合抛头露面，这慢慢引起了波斯人的怀疑。为了巩固政权，高墨达迎娶了冈比西斯的阿托莎和帕伊杜梅两位王妃。一天晚上，高墨达正在熟睡中，帕伊杜梅发现他没有耳朵，便将这个发现偷偷告诉了父亲——"波斯七贵"之一的欧塔涅斯。欧塔涅斯当即断定这个巴尔迪亚是假的，因为高墨达曾经被居鲁士二世下令处罚割去了耳朵。

欧塔涅斯于是秘密联络具有威望的波斯贵族，悄悄组成反高墨达集团。为平息质疑，高墨达要求普列克萨司佩斯站在城楼上当众澄清事实的"真相"，高墨达断定普列克萨司佩斯畏惧惩罚必定不敢说出真相，而且他的儿子是被前国王冈比西斯射杀，他与冈比西斯存在杀子之仇。没有想到的是，站在城楼上，普列克萨司佩斯忽然改变了主意，他先回顾了波斯王国建立的辉煌历史,盛赞居鲁士二世开疆拓土的丰功伟绩,然后话锋一转,大声宣布:"是我,普列克萨司佩斯,在冈比西斯的逼迫下将巴尔迪亚杀害了,现在我们的国王并不是什么巴尔迪亚,而是米底人高墨达,全体波斯人要行动起来,推翻这个米底人的统治,我要以我的生命为代价,来唤醒全体波斯人。"慷慨陈词之后,普列克萨司佩斯毅然从城楼上跳下。

真相揭穿以后,舆论骚动。为躲避危险,高墨达移驾米底的西卡亚乌瓦提什行宫。"波斯七贵"反高墨达集团抓住时机散布新国王是假冒巴尔迪亚的消息,然后,于公元前522年9月29日,"波斯七贵"混入巴尔迪亚的行宫,杀死了高墨达及其亲信,他短暂的统治前后持续不满8个月,如同昙花一现,就这样结束了。

高墨达还是巴尔迪亚

对于高墨达暴动中的真假巴尔迪亚一事,在历史上一直存在诸多疑问和争议,至今尚未能完全解答,他的名字也存在多个版本:马尔多斯(Mardos)、斯梅尔迪斯(Smerdis)、马鲁菲乌斯(Maruphius)、梅尔菲斯(Merphis)、塔纳奥克萨雷斯(Tanaoxares)、塔尼奥克萨尔塞斯(Tanyoxarces)。一些历史学家认为,被指发动叛乱的高墨达实际上就是巴尔迪亚本人,而巫师高墨达暴动的故事是大流士的编造,目的在于修饰自己夺取王位的合法性。持这一观点的历史学家质疑点主要在于两方面:第一,冈比西斯神秘去世后,还有许多王室亲属尚在人世。高墨达作为冒充者,即使长相相像,然而能够瞒过所有王室亲属的眼睛,直至最后由帕伊杜梅通过耳朵发现破绽,很难令人相信。第二,后来,巴比伦发生叛乱,领头者宣称自己是那波尼德之子尼布甲尼撒三世。大流士镇压叛乱后,也对外宣称这位尼布甲尼撒三世是冒充的,其真名为Nidinta-Bel。

探索古文明 巴比伦

大流士改革

约公元前 522—前 486 年

　　高墨达暴动后，大流士的登场，开创了人类历史上第一个超级帝国的新纪元。他力行改革，完善统治制度，改良税收制，统一货币，统一度量衡，打造"万人不死队"，打通水陆交通网，将辽阔国土上风采各异的文化纳入一个有效运转的系统。他的改革，保障了阿黑门尼德王朝两百多年的承续。此后多年，中东地区政治版图诡谲多变，但大流士的思想遗产、制度经验却始终熠熠生光。

大流士登上王位

　　高墨达被处死后，由谁来任国王的问题摆在了"波斯七贵"的面前，每个人都认为应该由自己继承大权。而后，欧塔涅斯主动退出王位竞争，条件是，不管最后谁成为国王，都不允许对他不敬，其他六人接受了欧塔涅斯的要求。最终，六人商议决定，第二天清晨，六人骑马在郊外集合，谁的马先发出嘶叫，谁就成为新的波斯帝国国王。

　　"七贵"之一的大流士，是巴尔迪亚的女婿。此前，在入侵埃塞俄比亚的战争中，冈比西斯的亲信、宫廷禁卫军统帅马哈库拜阵亡。大流士由冈比西斯任命为新任宫廷禁卫军统帅，并在平叛中发挥了重要作用。此时，面临王位之争，大流士让自己的马夫悄悄使了一个计谋，第二天清晨，他的马先叫了出来。于是，大流士在贵族和军队的拥戴下取得王位，成为波斯帝国强劲有力的新君大流士一世。

第四章 波斯帝国的兴衰

大流士如愿以偿成为波斯帝国的新主人，然而最初各方面工作均步履艰难。因为处死高墨达后，全国各地先后发生叛乱，局势动荡不安。好在各地叛军各自作战，缺乏联合沟通，因此大流士采取各个击破的策略。他首先集中兵力进攻埃兰，擒拿叛军首领。其次，亲自率军挥师巴比伦地区，在底格里斯河畔击败巴比伦王尼金图贝尔，巴比伦军队被赶进河流中，死伤巨大，尼金图贝尔率残部逃回巴比伦城。大流士乘胜追击，攻下巴比伦城，杀死尼金图贝尔。一年间，大流士前后经历18次战役，终于平定全国叛乱，力挽狂澜挽救帝国秩序于濒临崩溃之际。

公元前520年9月，大局已定，大流士踌躇满志，巡视全国。行至爱克巴坦那附近的贝希斯敦村时，他命人在附近的贝希斯敦山崖上刻下《贝希斯敦铭文》，宣扬自己的成就。

铭文分为两部分，上半部分是体现大流士镇压高墨达的浮雕。雕刻中的大流士身披长袍、气宇轩昂、双眼怒视，他左脚踩着匍匐在地的高墨达，右手高抬，指向波斯人信奉的光明与幸福之神阿胡拉·玛兹达，还有8名叛乱首领依次排在大流士身前，他们的脖颈上

在波斯波利斯登基的大流士浮雕

贝希斯敦铭文

大流士一世登上王位后,东征西讨平定叛乱,力挽狂澜拯救了濒临崩溃的波斯帝国,他将自己的功绩用古波斯语、埃兰语和阿卡德语的楔形文字刻在石崖上以示炫耀。贝希斯敦铭文位于今天的伊朗克尔曼沙汗省。

均捆缚着绳索,身形矮小,形容哀戚。浮雕下半部分是采用波斯文、埃兰文、巴比伦文雕刻的正文,详细描述了他镇压高墨达暴动及其他各地暴动、获得王位的经过,宣称"是阿胡拉·玛兹达把这个帝国赐予我,阿胡拉·玛兹达保佑着我,直到我赢得了这个帝国,赖阿胡拉·玛兹达之佑,我掌控了这个帝国",为自己取得王位的合法性加码。他也在铭文里表彰自己的功绩,自称"伟大的王,众王之王,波斯王,诸省区之王",强调自我权威"对于上述诸区的居民,凡忠信之士,我当赐予恩典;凡不义之人,我必严惩不贷"。1835年,英国军官罗琳森发现了这一铭文,将其制成拓片,破译了其中的古波斯文字。

大刀阔斧的改革

从高墨达暴动到波斯帝国政局重回稳定，经历了两年多的时间，这让大流士意识到，建立政权离不开武力征服，但庞大的帝国亟须一套有效的统治机制，方可实现可持续运转，否则，不仅被征服的民族时时伺机独立，贵族大员们也对分割领土虎视眈眈。因此，大流士着手实施了一系列改革，主要目的是加强专制主义中央集权，改革落后的贵族与部落制度，史称"大流士改革"。

第一，推行行省制度。大流士将全国划分为大约20个行省，行省首脑称为总督，由波斯贵族或王室成员担任，负责处理一省行政事务，由国王直接领导。行省还设将军一名，统领省内驻军，也直接由国王负责。此外，还有一名高级官吏专门负责征收赋税。总督、将军、司税收三位大员形成三权分立，互相监督牵制。总督身边还派一名国王亲信担任总督秘书，作为国王与总督的联络员，实际监视总督的活动。国王还经常派遣钦差大臣担任"王的耳朵"巡视各地，如果发现哪位大臣有不忠行为，钦差大臣则可采取措施惩罚，最严重者可剥下背叛者的皮，将其铺设在总督座椅上，对继任者形成震慑。例如，埃及总督曾将铸有大王人像的银币熔铸为银块高价出售，大流士判为叛逆行为，将其革职处死。由居鲁士晚年任命的撒狄总督奥罗提在大流士执政初期独断专行，甚至私自杀死中央使臣，大流士也将其处死。同时，他参照《汉谟拉比法典》颁布了一套新的法典，在全国设立中央最高法院和地方法院。通过这一套严密的统治系统和严刑峻法，大流士巩固了波斯帝国的统治，也强化了王权。

第二，开展税制改革。大流士明确规定了各省的贡赋税额，收取一定的金银和实物税，赋税额度根据各省资源而定。例如，小亚细亚4省每年缴纳1760塔兰特（重量单位：1塔兰

> "波斯帝国能存在两个多世纪，与大流士改革的影响密不可分。"

探索古文明 巴比伦

🌀 大流士时期枪兵浮雕

法国卢浮宫博物馆馆藏。釉面硅质砖，约制成于公元前510年。大流士二世推行军事改革，组建起一支"万人不死军"，这支军队无论是单兵作战还是团体作战，综合素质都非常高，因而得以横扫整个西亚，成为波斯军队的核心力量。这面枪兵彩釉浮雕表现出了大流士二世时期枪兵的基本装束。

特=60马那），埃及省交纳贡银700塔兰特，巴比伦—亚述省缴纳贡银1000塔兰特，印度省缴纳价格约4860塔兰特的沙金，波斯省则免交赋税。除了贡银，还有土贡，如谷物、家畜。土贡是为了满足宫廷和地方驻军、远征军的需要。例如，埃及每年为孟菲斯的波斯驻军提供谷物，巴比伦省则供应宫廷、帝国军队全年粮食需求的三分之一。大流士的赋税制度中，有减轻百姓负担的方面，也有加重百姓负担的问题。例如，从

第四章 波斯帝国的兴衰

前,两河流域的税额由税吏预先估定,税吏根据土地产量确定缴纳赋税,不论面积、收成情况。但大流士改革后,要求根据土地面积、谷物种类、平均产量规定固定税额,相较此前的任意强征大有改进。但另一方面,大流士采取"包税制"征税。各省选择富商、高利贷集团等担任"包税人",他们一次性向国库缴纳税款,然后与地方官员一起收取百姓赋税。如此一来,给巧立名目、搜刮百姓、赚取税款差额留下巨大空间,对除波斯以外的税区百姓造成巨大的负担。

第三,修建四通八达的道路交通体系。波斯帝国幅员辽阔,军事征战和内外贸易活动、维持安定有序的帝国,都需要畅通完善的道路交通。因此,大流士在原有的道路交通体系基础上继续完善,充实驿站网络、增补交通工具、完善食品供应网络、加强防卫设施。从伊朗西南部的帝国核心城市苏萨,到安纳托利亚西部的萨尔蒂斯之间,是最为著名的王道,这条王道甚至延长到了中亚地区,全长2400千米,是所有驿道中最长的。全程每20千米设置一站,从苏萨发出命令和文件,马不停蹄,站站相传,日夜连轴,仅7天就可以送达终点。一般的商队行走却要花上3个月。除了陆地道路系统,大流士还开辟了水上交通系统,下令开凿运河连接红海和尼罗河。道路网络的修筑和水上航线的开通,促进了帝国内部的经济文化交流与联系,强化了中央集权。

❧ **大流士二世时期的货币**

正面是国王戴着带有新月和星星标志的头冠,耳郭和宝石装饰。反面是一个国王面对着一个火坛,手握权杖,上面有题字。

探索古文明 巴比伦

　　第四，统一币制度量衡。此前，波斯帝国境内流通的币种和度量衡标准各不相同，给各地的经济交流造成极大不便。出于经济发展的考虑，大流士在历史上首次下令统一全国的币制和度量衡，他规定金币铸造权归中央所有，行省总督可以铸造银币，而各自治城市只有权铸造铜币。大流士将他掌权期间的金币命名为"大流克"，大流克一枚重约8.4克，纯度为98%；银币叫作"舍克勒"，一枚重5.6克，20枚舍克勒等于1枚大流克。由于银币为各行省自行铸造，成色不一。于是，大流士规定对银币进行等级分类，分为白

波斯帝国的帝王墓

在今伊朗境内的纳克希鲁斯塔姆高高的岩壁上，分布着一排十字形岩雕，这就是阿黑门尼德王朝四代帝王的墓穴。这些巨大的雕刻又称"波斯十字"，从左往右依次是大流士二世、薛西斯一世和大流士一世的墓穴。

第四章 波斯帝国的兴衰

银或纯银、二等银、三等银，都在同一标准下折算，纳税者应补足成色不足的差额。由于他在税银上计算精细，被纳税人称为"小商贩"，但统一币制确实促进了商品经济的发展，也加强了中央在经济上的集权，强化了对地方财政的掌控。

第五，推行军事改革。一支英勇善战的军队是波斯国王捍卫自己专制和对外扩张的重要保障。为了加强军队建设，大流士担任军队最高统帅，学习亚述的兵制，采取了一系列措施：（1）他在原宫廷禁卫军的基础上，整编成了"万人不死军"，亲自担任总指挥。军队成员全部是波斯人，由10000名步兵、1000名骑兵、1000名枪兵组成，人数恒定，如有伤亡，立即补充。这支"不死军"后来成为横扫整个西亚，战无不胜的波斯军队核心力量，立下赫赫战功。"不死军"存在近两百年时间，直到大流士三世时期逐渐没落，

探索古文明 巴比伦

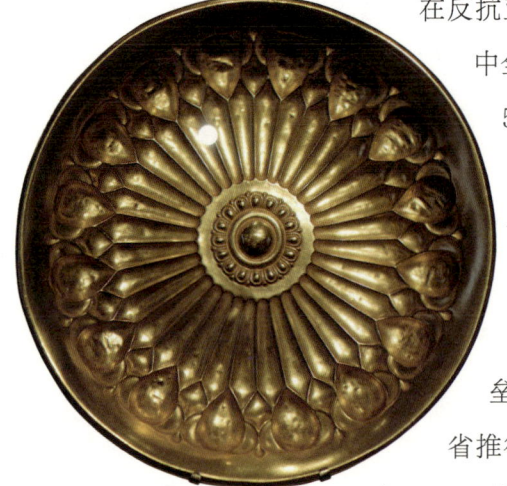

❧ 波斯帝国大流士一世统治期间的金质雕花大碗

在反抗亚历山大大帝入侵的高加米拉战役中全军覆灭。（2）大流士将全国分为5个军区，军区首长统领辖区内行省的将军，直接对国王负责。军区的设置在军队管理史上具有重大意义。（3）各省驻军均有固定规模，各兵种也有一定人数，重要堡垒和据点的戍卫队也有固定规模。各省推行服役制，要求一定人数的士兵服役，一旦战争需要，即征召入伍。（4）组建海军。由腓尼基人和巴勒斯坦人组成海上舰队，拥有数百只战船。这样一来，波斯帝国不仅拥有强大的陆军，而且拥有一支海军战队，有利于争夺海上霸权。（5）每年进行军队检阅。较近的驻地军队由国王亲自检阅，较远地区则由国王的特命官员代为检阅，以强化国王对军队的领导权。

在充分的军事优势下，大流士极力进行侵略扩张。在位期间，他的足迹遍布北非、中亚、爱琴海一带，使得帝国版图包括伊朗高原、中亚大部分、印度西北部、西亚全部地区、埃及和欧洲部分地区，设立了4个首都：苏萨、爱克巴坦那、巴比伦、帕塞波利斯，打造了一个横跨亚、非、欧三大洲，领土空前广阔的奴隶制大帝国。

除此以外，大流士还将琐罗亚斯德教确定为波斯帝国的国教。通过上述种种改革措施，波斯帝国不仅实现版图空前辽阔，而且政治、经济、文化都得到全面、有序的发展，使得阿黑门尼德王朝的统治持续了两百多年。

第四章 波斯帝国的兴衰

波希战争

约公元前 492—前 485 年

横跨亚、非、欧三大洲的波斯帝国，时刻谋求让自己的国土面积更大一些，为了实现这个伟大愿景，从大流士一世到薛西斯，波斯帝国先后三次入侵希腊，开启了一场持续将近半个世纪的战争。这是世界历史上欧亚两大洲之间第一次大规模国际战争，其对东西方经济与文化的影响远大于战争本身。战争最后以希腊的胜利而告终，却成为伟大的波斯帝国一蹶不振的转折点。

马拉松战役

受地形影响，古希腊城邦被山脉阻隔，交通不便。因此，在希腊本部、爱琴海岸和周边岛屿上，形成几百个城邦小国，其中雅典、斯巴达两个城邦最为强大。

公元前546年，居鲁士大帝时期就曾向爱奥尼亚地区宣战，在希腊诸城邦中，雅典和埃雷特里亚两城邦派出了援兵，但最终爱奥尼亚地区还是被波斯征服，首都米利都遭摧毁。到大流士一世执政期间，他仍保持西进的野心。于是，公元前492年夏天，大流士一世以雅典和埃雷特里亚曾援助米利都为借口，出兵希腊。这一次，他派出海陆军共25000人，却没想到海军舰队大部队在阿陀斯海角惨遭飓风而覆灭，陆军则受到色雷斯人的突袭，因此不得不半途撤退。

两年后，公元前490年春，大流士一世遣军50000人再次出发。大军首先

🍀 希腊战士头像雕塑

攻占埃雷特里亚城，然后继续南进。9月初，大军在雅典东北方向的马拉松平原登陆。雅典向斯巴达请求援助，斯巴达同意出兵，却要求等到月圆之时。这样，雅典不得不孤军作战。雅典派出10000名重装步兵，预备与波斯帝国开战，同时安排海军留守雅典进行防守。希腊步兵占据了地形优势，面对两倍于己方的波斯大军，雅典主将米提阿德斯在布阵上用心精巧。他和波斯军队一样，布置为简单平行战斗序列，阵势长度一致，并将精锐士兵安插在两翼。趁波斯骑兵尚未完全赶到会战地点，雅典伴装正面进攻。交战开始，波斯军队采取中央突破战术，雅典军队中路被节节逼退，结果雅典军队出其不意地由两侧精锐合围波斯中路军。波斯中路军被围歼。同时，从海路偷袭雅典的波斯海军也被镇守雅典城的海军打败，波斯军撤退。

马拉松战役是历史上著名的以少胜多的战争案例之一，在这场战争中，雅典军牺牲的人数只有192人，波斯军队却折损6400人。但波斯并未就此受挫，也未放弃，反而立即进入了新一轮的备战。在接下来的10年中，波希双方都紧张备战。波斯帝国继续征集大量士兵、物资，建造大批舰船，开凿运河，架设浮桥。希腊城邦中有30多个结

🌀 水粉画《菲迪皮茨的捷报》

卢克—奥利弗·莫尔森作。马拉松大战胜利后，雅典长跑健将菲迪皮茨奔往斯巴达城邦报捷。为了尽快让雅典人得到捷报，菲迪皮茨极速奔跑了42.195千米，到达雅典时，他刚说完"我们胜利了"，就倒地身亡。马拉松运动便是由此而来。

我们胜利了！

成军事同盟，并推举了英勇善战的斯巴达为盟主。雅典建造战船，建设防御工事，加强海军训练，时刻准备抵御波斯入侵。

第二次入侵

大流士一世去世后，继任的薛西斯一世继承父王的遗志，发誓踏平希腊，为父雪耻。公元前480年春天，他亲自率领25万陆军、1000艘战舰再度对希腊发起进攻。这一次，面对号称百万雄军的波斯大军，全希腊各城邦均产生强烈的危机感，联合起来准备对抗波斯。波斯大军兵分水陆两路，沿色雷斯西进，占领北希腊，一些城邦投降，一直行军到温泉关。

　　温泉关地势险要、山道狭窄，是希腊的第一道防线。斯巴达王列奥尼达率本国精兵300人，以及伯罗奔尼撒半岛其他城邦士兵7000人防守在此。虽然兵力悬殊，但列奥尼达与各勇士展开殊死搏斗，使得波斯军队在头两天寸步难行，伤亡惨重。薛西斯气得狂躁不已，不得不暂停进攻。正在无计可施之时，一名叫作埃彼阿提斯的当地农民主动前来报告，指出一条可以通到关口背后的小道。薛西斯大喜过望，立即赶抄小道，在黎明时候，接近山顶。守卫在这里的，是来自佛西斯城邦的士兵，薛西斯立即下令突袭，将这些疏于防守的希腊兵打了个措手不及。然后继续直插温泉关背后。希腊主力军背腹受敌，他们迅

位于伊朗西南部的薛西斯宫殿遗址

速制订新的布阵计划，奋勇迎敌。希腊人杀退了波斯军的四次进攻，列奥尼达在战斗中牺牲，他们的人数越来越少，逐渐被波斯人围拢，一些心理崩溃、举手投降的赛斯比人也被杀红了眼的波斯人无情斩杀。终于，最后一个斯巴达勇士也被雨点般投过来的标枪和箭杀死，希腊军队全军覆灭，波斯军队占领温泉关。而薛西斯的两个兄弟也在这场战役中殒命。

斯巴达勇士们的牺牲为雅典赢得了时间，波斯军攻至雅典时，发现整个城市空空如也，全城居民已经撤离，波斯军于是焚烧了整个城市以泄愤。当年9月，波斯海军进入萨拉米斯海峡，雅典战舰集结于萨拉米斯湾，并派人佯装逃兵，诱使波斯王命令全军600多艘巨型战舰驶进狭窄的海湾。结果巨型战舰围困于海峡，雅典的小型战舰却轻便灵活，仅8小时后，希腊舰队便击溃波斯舰队。由于担心雅典海军突袭赫拉斯庞海峡以切

◆ 战斗中的波斯和希腊战士

断自己的后路，波斯海军仓皇而逃。

普拉提亚战役

萨拉米斯海战之后，薛西斯返回小亚细亚时，任命波斯贵族、薛西斯的姐夫玛尔多纽斯指挥留守希腊的部分军队。大军基地设在希腊半岛的特萨利。驻守的一年多期间，玛尔多纽斯采取分化瓦解政策，拉拢了马其顿和底比斯等国家，获得兵力支持与后勤供应。同时，他充分发挥骑兵机动灵巧的特点，指挥骑兵队数次南下侵袭雅典和其他希腊城邦。

公元前479年8月，薛西斯一世率领50000人大军再次进攻希腊。兵临城下，雅典再次唱起"空城计"，举国逃亡，迁往海中的萨拉米斯岛。在玛尔多纽斯丰厚的劝降条件下，雅典人誓死不降。雅典与斯巴达达成合作，雅典出动战舰110艘，护送斯巴达国王利奥提希德率领10000人偏师奔袭小亚细亚。斯巴达则以倾国之力

油画《温泉关的列奥尼达》

法国卢浮宫博物馆馆藏。由法国画家雅克·路易斯·大卫绘制。这幅画描绘了斯巴达王列奥尼达和300名斯巴达勇士,在温泉关抵抗波斯军队的历史故事。画作中心持剑拥盾者就是列奥尼达,左边一名士兵在岩石上刻字,大意是:"过路者,你若到斯巴达,请转告那里的公民,我们阵亡于此,誓死恪守诺言。"

▶ 波希战争中的希腊士兵,他们在盾牌上挂一张帘子,是用来保护自己不被箭射中。

支援雅典,指挥伯罗奔尼撒半岛联军共30000人,在普拉提亚战役附近与波斯陆军展开决定性的大会战。

波斯军队先行到达普拉提亚平原,沿阿索浦河北岸驻营列阵。平原地形平坦,对于波斯骑兵发挥自己的长处有地理优势。开局阶段,波斯军队占据先机。随后,希腊联军到达普拉提亚城,布阵备战。据说战前,波希双方都派人请教当地一位先知,先知表示,这一战役先进攻的一方将失败。于是,双方相距10千米进行防守布置,进入一场关于耐心的较量。

玛尔多纽斯观察到希腊阵线中央较为凌乱松散,立即下令马西提率领数千骑兵进行试探性进攻。骑兵队冲到希腊阵线中央,向中央步兵一阵猛攻。希腊军队抵挡乏力,开始后退。波斯骑兵即将在此形成突破。关键时刻,雅典军团派300名重装步兵和一批弓箭手前来增援,稳住局面。马西提身先士卒冲到最前面,结果战马不幸中箭起跳,将马西提摔下马来,四周的雅典士兵顿时一拥而上,马西提做困兽之斗,最终被一支长矛刺穿头颅而亡。骑兵队闻之溃不成军,退回营地好几天没有出战。

初战告捷后,希腊联军信心倍增,想方设法诱使波斯先行进攻,数天未果。第9天,玛尔多纽斯派遣骑兵小分队

第四章 波斯帝国的兴衰

深入敌军侧翼，伏击了希腊一支500匹骡子组成的粮草运输队，俘获全部粮草。到第12天，希腊大军粮草补给告急，决定兵分三路连夜撤退。不料因为一个斯巴达将领拒绝转移阵地，形势僵持。直到第二天黎明，雅典和斯巴达军团才先后出动，此时，先行部队已到达希泰隆山脚下。

这天清晨，玛尔多纽斯发现希腊联军正在撤退，三军散布，认为他们已败逃，于是下令全线追击。但斯巴达战士训练有素，斯巴达国王、联军统帅普萨尼亚斯等待列阵整饬有序后，下令冲锋。对战之初，双方均斗志昂扬，胜负未分。随后，当斯巴达步兵与波斯步兵密集阵搏斗之时，波斯骑兵乘虚而入，将斯巴达军团推到平坦开阔之处，开始反击。波斯统帅玛尔多纽斯身着鲜艳的盔甲，亲自率领骑兵冲击。希腊士兵由于缺乏盔甲保护，死伤惨重，斯巴达兵团开始不敌对手，摇摇欲坠。

正在这紧要关头，意外发生了，一个名叫阿里姆尼斯塔的斯巴达战士集中全力投出一支标枪，击中玛尔多纽斯，致使其当场坠马毙命。统帅阵亡，波斯军心彻底动摇，大军瞬间瓦解，纷纷转身逃命，绝大多数波斯军队安全渡过阿索浦河，躲进营垒中。追击而来的希腊联军包围了波斯大

✿ 希腊战船复原模型

玛尔多纽斯

营，面对坚固的营垒束手无策。波斯人从木质的寨墙后向希腊军倾泻箭雨，致使希腊军再次造成惨重伤亡。最后，剽悍勇猛的特吉亚人奋力推倒一段寨墙，找到缺口的希腊步兵一拥而入，波斯营垒内的所有人，包括随军妇女和平民在内，全部惨遭屠杀。玛尔多纽斯亲率的这60000人的大军几乎全军覆没，仅余3000名骑兵死里逃生。

同时，拖在队尾的波斯将领阿塔巴兹发现战局不利，果断率领40000人部队撤退，过波斯大营而不入，直奔马其顿方向撤退，冲破沿途希腊城邦的重重拦截，渡海回到小亚细亚。因为保全部队有功，阿塔巴兹受到薛西斯嘉奖，获封赫拉斯湾总督。

第二年，希腊海军反攻波斯占领塞斯托斯，控制了通往黑海的要道。公元前477年，雅典牵头海上同盟，夺取拜占庭等地。公元前449年，希腊海军在萨拉米斯城附近重创波斯军。至此，双方终于达成和解，签订了《卡里阿斯合约》，约定波斯放弃对爱琴海及赫乐斯庞与博斯普鲁斯海峡的控制，承认小亚细亚西岸希腊诸城邦的独立地位。波希战争终于宣告结束。

东西方历史文化大融合

作为一场前后持续了近半个世纪,欧亚两大洲历史上的第一次大规模国际战争,波希战争意义重大、影响深远。

对西方而言,希腊在波希战争中取得胜利,使西方世界的历史中心由两河流域向地中海地区推移。战争的胜利,保存了希腊文明的火种,并让其日后有机会发扬光大,成为西方文明的基础。战争胜利也确保了希腊城邦的独立与安全,使得希腊在此后数百年间得以继续称霸地中海地区。对斯巴达而言,旷日持久的战争让原本朴素的斯巴达人受到外界文明的冲击,其曾经的生活模式失去平衡,斯巴达的军事统帅地位也受到了来自雅典的挑战。而雅

马拉松长跑

马拉松原本是一个地名,距离希腊雅典东北方向40多千米。在公元前490年的波希战争中,波斯帝国登陆马拉松平原后,雅典紧急应战,并同时派遣长跑健将菲迪皮茨连夜出发,奔往斯巴达城邦请求援助,两天内菲迪皮茨跑了150千米到达斯巴达送达了请求。

马拉松一役,雅典人以少胜多,获得反侵略战争的胜利。为了尽快让家乡人民得到战胜的喜讯,雅典统帅派遣菲迪皮茨再次开始奔跑。菲迪皮茨是有名的"飞毛腿",这次他极速奔跑了42.195千米。到达雅典时,他上气不接下气,激动地告诉雅典的人们:"欢乐吧……雅典人,我们……胜利了!"说完,他就倒地身亡。

为了纪念菲迪皮茨,1896年举行现代第一届奥林匹克运动会时,便设立了马拉松赛跑这一项目,比赛里程便是当年菲迪皮茨跑回雅典时的路程42.195千米。

典可谓这场战争的最大受益者，战争的爆发转移了雅典内部平民与贵族之间的激烈矛盾。雅典海战取得胜利，削弱了原本备受依赖的陆军的地位，提高了海军中服役的第四等级公民的地位，民主的力量也因此得到壮大。

雅典霸权的建立和奴隶制经济的发展，为民主制度的有效实施提供保障。因此，波希战争的胜利，为雅典民主政治的繁荣创造了有利条件。战争结束后，雅典一跃成为爱琴海地区的霸主，对沿岸国家大肆掠夺，获取丰厚利益。

目睹雅典的变化，地中海国家纷纷效仿，先后加入了海上霸权的争夺战中。英国军事理论家富勒在《西洋世界军事史》中写道："随着这一战，我们也就站在了西方世界的门槛上面，在这个世界之内，希腊人的智慧为后来的诸国奠定了立国的基础。在历史上，再没有比这两个会战更伟大的，它们好像是两根擎天柱，负起支持整个西方历史的责任。"

波斯帝国在这场战争中受到重创，气焰顿消，乃至从此一蹶不振，直到最终被马其顿王国的亚历山大大帝所灭。

同时，波希战争更重要的影响在于东西方文化的大融合。这一次战争，打破了东西方几近隔绝的局面，大大加强了东西方的文化交流，促进了双方文化发展，促进了科学、艺术的进步和丰富，从而推动了世界历史和人类社会的发展进步。

希腊战士复原图

第四章 波斯帝国的兴衰

亚历山大大帝东征

公元前 336—公元前 323 年

西亚地区的政治局势可谓"你方唱罢我登场"。遭受波希战争重创后，虽然波斯仍是西亚地区的霸主，但接连遭宫廷政变、边境起义和经济衰退，波斯帝国盛况不复。与此同时，在小亚细亚及希腊地区，马其顿国王腓力二世励精图治，让一个内乱频发的小国崛起为希腊城邦的领头羊马其顿王国。其子亚历山大青出于蓝，在位13年间，10年东征，经伊苏斯之战、高加米拉战役、吉达斯普河战役等，征服波斯、埃及、小亚细亚、两河流域，开创了当时世界上领土面积最大的国家。

亚历山大大帝与大流士三世

公元前336年，曾力挽狂澜将马其顿转危为强的腓力二世被波斯刺客杀死在自己女儿的婚礼之上。他年仅20岁的儿子亚历山大继位，希腊各城邦欺新王年少，趁机发动反马其顿运动。亚历山大干净利落地以谋略和武力平息骚动，恢复统治秩序。

亚历山大从小聪颖智慧，勇猛果敢，至今流传着他12岁就驯服了其他骑手难以驾驭的烈马的故事。13岁到16岁期间，腓力二世为其聘请了希腊最博学的人亚里士多德作为其家庭教师，为他教授哲学、医学、科学等方面的知识。他喜欢《伊利亚特》中的阿喀琉斯，一心希望能像他一样创造丰功伟绩，留名青史。16岁那年，腓力二世出征拜占庭城邦，亚历山大代父处理朝政，并率领部队镇压马其顿北部起义。两年后，希腊城邦叛乱，双方发生喀

探索古文明 巴比伦

> 我不信就驯服不了你!

亚历山大驯服烈马

由法国画家弗朗索瓦·舒默绘制。比塞弗勒斯是一匹烈马,很难有人能够驯服它,年轻的亚历山大却一举将它驯服。尽管这只是一个传说,但可以看出亚历山大从小就有着卓越的智慧和强烈的征服欲。

罗尼亚战役。在这场战役中,年仅18岁的亚历山大作为联军左翼总指挥出征,他看准时机,发动突击,全歼闻名希腊的最强战队底比斯圣队。毫无疑问,亚历山大可谓天纵英才。

与亚历山大登基同年,波斯帝国也发生了王位更迭。王室旁支、阿塔沙塔亲王登基,成为大流士三世。大流士三世在继位前是波斯帝国著名的勇士,他曾跟随波斯王阿塔薛西斯三世镇压卡都西亚叛乱。当时双方派遣武士单挑,波斯方面迟迟无人应战,最后,年届不惑的阿塔沙塔出阵将对手制伏。波斯王心中大悦,将其封为亚美尼亚总督。阿塔薛西斯三世后期,宦官巴古阿把持朝政,先后毒杀了波斯王和王储阿西斯全家,王位落到了获取巴古阿信任的王室旁支阿塔沙塔亲王手中。大流士三世接手的其实是一个名副其实的烂摊子,除了大宦官把持这一问题之外,此前印度、埃及已相继获取独立。于是，即位不久，大流士三世就除掉了巴古阿，并且用几个月就收服了已独立60年的埃及。但是当时的波斯帝国，各省总督拥兵自重，中央集权受到威胁，皇家卫队已腐化于安逸，战斗力大不如前，而且大流士三世根基未稳，因此面临重重阻碍。

公元前480年，薛西斯一世曾火烧雅典城，被希腊人认为亵渎神灵。波希战争失败以后，虽然薛西斯一世再也没有回到希腊，但希腊始终对他保留着仇恨，向波斯报仇的声音也从来没有消退。为了实现自己的宏图大略，亚历山大继承王位后，于公元前334年的春天，他亲率35000人大军和160艘战舰，开始东征进程。出发之前，他把自己的所有地产收入、奴隶和畜群都赠给人们，一位将军发问："陛下，您把财产分光，自己留下什么了呢？"亚历山大说："我把希望留给自己，它将为我带来无穷的财富。"

公元前334年，打着为被波斯人刺杀的腓力复仇和"解放小亚细亚希腊城邦"的旗号，亚历山大率军亲征小亚细亚。马其顿军队首先到达小亚细亚的格拉尼库斯河畔。在这里，波斯3个边疆行省的总督率领联军40000人，迎接与亚历山大的军队的首次会战。在这场会战中，3位总督先后被亚历山大和他的部下杀死，马其顿军获胜。然后，马其顿轻而易举地取得整个小亚细亚。

大流士三世的败退

经历格拉尼库斯河畔会战后，亚历山大意识到波斯海军实力强大，屡屡对其后勤补给造成干扰，因此，他迫切希望掌握制海权。由于没有足够强大的海军舰队，他决定从陆地上一一夺取东地中海港口基地。公元前333年秋，亚历山大挥师前往波斯叙利亚行省，波斯帝国大流士三世率领10万大军御驾亲征，双方在奇里乞亚古城附近的伊苏斯平原交战。

对峙初始，大流世三世在索克依安营扎寨，预备以此为战场。但他等了一个多月，不见亚历山大踪影。其实，此刻亚历山大正身患重病卧床不起，但在落后的通信条件下,大流士三世只能通过零碎的情报揣测亚历山大的动向。最终,大流士三世决定放弃索克依战场,率军进入狭窄的西里西亚寻找亚历山大主力部队。大流士三世并没有就近取道叙利亚山口,而是北上100千米借道阿曼山口,企图迂回到亚历山大背面断其退路。事实佐证了大流士三世的判断,阿曼山口无人防守,马其顿军似乎并不知道这个山口的存在。波斯军队出现,轻而易举取得伊苏斯的马其顿大营,掳夺大批物资俘虏了数百伤兵。此时,大流士三世似乎成竹在胸。

相对之下,对战开局之初,亚历山大的判断连连失误,大营失陷让他大为惊讶。此时局面凶险,马其顿军被断后路,补给和增援都被限制,他还必须率军赶回伊苏斯以疲惫之师应战。但亚历山大依然充满信心,他认为狭窄的海岸地形将限制波斯军队的骑兵优势。确实如他所料,大流士三世很清楚自己的大军阵容松懈,作战能力大打折扣,南进到皮那罗河谷也许并不是想直接作战,而是希望围困马其顿军,向他们施压,瓦解士气迫其自动投降。因此,据史料记载,当马其顿军到达那罗河的"约拿之柱"关口准备迎战,大流士三世收到情报后相当沮丧,散布在河谷的波斯士兵们乱作一团,有的跑上山坡一探究竟,有的甚至收拾细软躲到阵营后面。

在掘壕固守和布阵迎战期间,大流士三世选择了后者。但是,波斯的禁卫骑兵习惯于高速冲击,并不擅长在狭小空间里同步兵肉搏,这时,马其顿军队的步骑协同发挥了威力,双方展开肉搏格斗,波斯左翼阵线不久就土崩瓦解,形势向有利于马其顿方面倾斜。亚历山大不顾安危身挺长矛冲在最前面,大流士三世则在一批贵族和禁卫骑兵的拱卫下作战。慢慢地,他的战车周围,双方战死将士的尸体堆积如山。在这关键时刻,大流士三世逃离了战场!据记载,大流士三世的战车马匹受惊,突然向敌阵狂奔,连车夫都无法驾驭,大流士三世只好亲手拽住缰绳,勒住战车。此时,敌阵近在咫尺,大流士三世担心被活捉,立马跳上战车后的备用马,脱掉王袍,在兄弟奥萨特

第四章 波斯帝国的兴衰

❧《亚历山大大帝在格拉尼库斯战役中对抗波斯人》

荷兰阿姆斯特丹国立博物馆馆藏。由18世纪阿姆斯特丹画家科内利斯·特罗斯特绘制。格拉尼库斯战役是亚历山大东征过程中,与波斯军队的首次大规模交锋,并由此开启了马其顿军队席卷波斯帝国的征程。

雷亲王的保护下逃之夭夭，一起奔逃的还有1000人的残余禁卫军。发现国王逃遁，骑兵统帅立刻下令撤退，现场秩序土崩瓦解，波斯骑兵在狭窄的海岸边争先恐后奔逃，肆意践踏挡道的步兵。这一战波斯军的伤亡大部分发生在逃亡中，卡尔达克步兵元气大伤，只有8000名希腊雇佣兵秩序井然且战且退，顺利撤退到叙利亚北部的特里波利港，乘前来接应的运输船逃生。

亚历山大追出40千米，却不见波斯王踪影，原来他已取道阿曼山口，日夜兼程逃回了巴比伦。亚历山大以少胜多打败波斯10万余大军，冲入大营，缴获黄金2900塔伦，珠宝粮秣不计其数，俘虏了大批波斯妇女，其中包括大流士三世的母亲、妻子和两个女儿。

太阳神阿蒙之子

在此，亚历山大并没有一鼓作气继续追杀大流士三世，或进攻波斯国心脏地区，而是转而兵锋指向叙利亚和腓尼基，因为，这里有波斯海军基地，尤其是腓尼基舰队，是最强大、最精锐的波斯舰队。他用此战略是要摧毁波斯的海军精锐力量，掌握海上制动权。他派遣大将攻占了叙利亚行省的首府大马士革，在大流士的军械库缴获丰富的战利品。从公元前333年冬天开始，到公元前332年7月，经过7个多月的胶着围攻，亚历山大经历了东征中最为艰苦卓绝的围攻，终于攻下了腓尼基25个城邦中最强大的推罗城（今黎巴嫩南部提尔市），并把推罗城的30000个居民卖身为奴隶。

在推罗围攻战胜利，切断波斯陆军与海军舰队的勾连之后，亚历山大直奔埃及，兵不血刃，占领上、下埃及。年仅24岁的他自称太阳神阿蒙之子，并获得"法老"称号。他亲自主持设计，在尼罗河三角洲西部建立了亚历山大城，计划将这座城市作为他宏伟战绩的纪念碑，向世界宣扬其功绩。如他所愿，今天亚历山大城成了埃及第一大港口城市，被誉为"地中海明珠"。亚历山大说："英雄的伟大在于不断开拓疆土，不断增加权力，尽情享受美味佳肴和少女美色。"

征服埃及后，亚历山大重返亚洲，经高加米拉一战摧毁波斯帝国，

第四章 波斯帝国的兴衰

然后继续东征,到达中亚地区,侵入巴克特里亚,在此会战两年多,成功镇压起义军。接着,他被富庶的印度河流域吸引,一路征伐前进,抵达希发西斯河畔。此时,军中暴发疫病,大军身心俱疲,滋生了厌战情绪,亚历山大不得不于公元前326年10月决定停止东征,兵分两路撤出印度。其中一路由海军将领涅阿霍斯带领,由水路从伊朗海湾进入波斯湾;亚历山大亲自率领另一路,取道陆路,穿越卡曼尼亚沙漠而返。公元前324年春天,两路大军终于在巴比伦境内的奥皮斯城胜利会师,持续10年的东征结束。

油画《亚历山大大帝主持建造亚历山大城》

沃尔特斯艺术博物馆馆藏。由意大利画家巴洛克创作于1736年至1737年,高46.3厘米,宽65厘米。在对希腊和埃及到阿富汗的征服中,马其顿统治者亚历山大大帝在关键的军事和贸易地点建立城市,通常都以自己的名字命名。埃及的亚历山大是今天唯一仍然蓬勃发展的城市。亚历山大经常参与城市的规划与建设。在这幅画作中,亚历山大向希腊建筑师发出指示。在他们身后,是正在建设中的巨大的墙壁。为了与古老的主题保持一致,巴洛克采用了类似带状饰物的构图,让人联想起希腊和罗马的浮雕。

探索古文明 巴比伦

波斯帝国的崩溃

公元前 330 年

公元前330年秋，亚历山大与大流士三世约定决战高加米拉。这是一场一决生死的搏斗，赌注是整个波斯帝国。大战11天前的夜晚，战场出现月全食。据古巴比伦《天文日记》记载："月亮完全变黑，挡住了木星，四指以外的土星可见。月食完全时，西风劲吹，月亮重现时转为东风。"这场现代人再熟悉不过的月食，却在当时大流士三世的心中奏响了哀歌，也预告了他和整个帝国的大溃败。

约战高加米拉

公元前331年春，在埃及休整以后，亚历山大继续征战大业。他回到亚洲，开往波斯心脏地区，准备与大流士三世做总清算，双方约定10月在高加米拉开战。高加米拉位于底格里斯河上游东岸，在巴比伦以北约300千米，地表为沙土地，整体地貌平坦开阔，少有起伏，利于骑兵作战。据记载，交战双方都在这场战役中投入了巨大兵力。这两年马其顿帝国已控制孟菲斯、撒狄、大马士革等名城，财力兵力更胜，此番出征率40000名步兵、7000名骑兵。波斯帝国则在伊苏斯一战后的几年重整旗鼓，召集各部族倾全国之力汇集兵力。普鲁塔克的古典著作《希腊罗马名人传》说波斯军出兵100万人，但历史学家认为这是大大夸张，真实数据已无从查证，保守估计可能是20万名步兵、45000名骑兵、200辆战车。

这次，亚历山大制定行军路线非常谨慎，渡过幼发拉底河以后，为了绕开上游的沙漠地区，向东渡底格里斯河，沿库尔德山脉南行。他非常注重保障后勤补给，行军线路选在底格里斯河东岸人口密集区，且一路筑城3座，部署卫戍部队。大战在即，他始终充满自信，以居高临下的姿态与大流士三世展开较量。在大战前11天，大约是9月20日，出现了月食现象。古巴比伦《天文日记》记载：月食完全时，西风劲吹，月亮重现时转为东风。马其顿阵营出现惊慌，但亚历山大通过祭司安慰，表示波斯人崇拜月亮女神阿斯塔特，这是不利于敌人的征兆，众人情绪才平息下来。波斯大营内同样恐慌一片，但大流士三世却无力安慰。因为，古巴比伦数百年来一直通过天文天象预测占卜，波斯贵族对于这一文化深信不疑。根据他们的经验，月食是亡国之兆：月食时西风劲吹，意味着侵略者来自西方，月食之后风向转东，表示战败后必须向东逃亡。因此，看到月食，包括大流士三世本人在内的波斯贵族心中都升起不祥之兆。

亚历山大将作为人质的波斯王室带在身边，以礼相待，目的就是强化对大流士三世的自尊心、自信心的打击，并对他的决策指挥造成心理牵绊和干扰。亚历山大的判断非常敏锐。9月24日，大流士三世派使者前去请求停战，表示愿以30000塔伦黄金赎回母亲、儿女们，并割让半个波斯帝国，还许配一位公主。亚历山大手下一名大将帕曼纽表示条件非常丰厚，可以接受。他说："如果我是亚历山大，就接受这个条件。"没想到亚历山大丝毫不以为意，他说："如果我是帕曼纽，就接受这个条件。"他的野心在于整个波斯帝国，而不是区区半国。

自伊苏斯一战以来，大流士三世已经再三向亚历山大求和，这次当他得知再次遭拒，悲怆地大叫："亚历山大，我到底对你犯了什么不可饶恕的大罪？"举行战前阅兵时，大流士三世向数十万大军训话："我们将为生存而战，你们的父母妻子将如同我的家人一样落入敌手，除非你们以自己的血肉之躯横亘在敌人面前，保卫亲人的自由！"这番看似鼓舞人心实则悲伤绝望的话，

探索古文明 巴比伦

油画《高加米拉之战》

法国卢浮宫博物馆馆藏。由法国画家查尔斯·勒布伦创作于1669年。高加米拉战役充满了诸多神奇之处,得知大营被冲破之后,马其顿士兵一度惊慌。这时,大祭司灵机一动,指着天空大呼:"看那只盘旋的鹰,那是马其顿胜利的征兆!"这戏剧的一幕成了这场战争重要的转折点。这幅画作重点突出了战场上空盘旋的鹰,表现出这场战争的神秘色彩。

已经显露出悲哀的先兆,他们似乎已经不再奢望胜利,而是求死以尽责效忠。

9月30日晚,大战前夜,大流士三世担心马其顿军队趁夜突袭,因此要求全军高度戒备,部队士兵衣不解带,枕戈待旦等待天明。而马其顿军营中,将士们同样提心吊胆,睡得并不踏实,但亚历山大在视察敌方布阵、祭祀典

第四章 波斯帝国的兴衰

礼以后,冥思苦想推演了几个方案,就安然入睡了,甚至第二天早上竟然酣睡过头。

不可思议的败退

10月1日当天,马其顿军队的阵型部署呈空心的梯形阵式。亚历山大以6个密集阵15000名重装步兵组成中央阵营,2000名特萨利重骑兵组成左翼主力,左右各辅以1000名希腊雇佣兵步兵和300名希腊联盟重骑兵,右翼由亚历山大亲率2000名近卫骑兵打头阵,左边配合3000名精锐近卫步兵,侧卫部队增加弓箭手、标枪手各500名。此外,亚历山大还在阵线前沿布置数千游击步兵组成散兵线,以遏制波斯战车冲击。两翼侧后方部署轻重骑兵约1200人作为前轻后重的侧卫线。以上作为第一线部队,其后约1000米处,马其顿部署了1.5万名希腊联盟步兵组成第二道阵线,以防波斯骑兵大纵深迂回包抄。

根据马其顿军队俘获的资料显示,波斯军队布置了长达8000米的巨大阵型,阵线以波斯王战车为中心,四周围绕3000名步、骑各半的禁卫军,两侧为2000名希腊雇佣兵,还有印度骑兵、马迪亚弓箭手数千人,是为中央阵线,前面陈列50辆战车,15头印度战象;左翼为1.6万名中亚草原骑兵,前

探索古文明 巴比伦

沿部署了100辆战车和2000名塞提亚铁甲骑兵作为突击集团；右翼则是来自叙利亚、美索不达米亚、伊朗高原的1.6万名骑兵，前沿为50辆战车、2000名亚美尼亚铁甲骑兵组成的突击方阵。此外，在后面还有第二道阵线，由数十万巴比伦和阿拉伯步兵组成。

对战之初，马其顿阵线向右前方运动，右翼侧卫部队遭到波斯铁甲骑兵迎头痛击，最前面的300名希腊雇佣兵难以抵抗，后面900名骑兵和1000名轻步兵顶上去稳定了局面。波斯骑兵上前发现战局僵持，于是纵身前进，试图迂回包抄。马其顿骑兵立即跟随阻止，右翼侧卫线因此越拉越长，于是亚历山大不断增援右侧，导致阵线整体右移，由于兵力扯动，马其顿防线出现了第一个缺口。大流士三世看准战机，命令两翼骑兵全线出击，右翼扑向马其顿左翼，战车突击集团也向马其顿密集阵发起冲击，亚历山大的散兵线攻击役马和车夫成功瓦解了波斯战车。但是，右翼骑兵对马其顿左翼的迂回拉扯使其防线不断延伸，其特萨利骑兵跟着左移以保证防线完整，带动了马其顿部分密集阵左移，密集阵战线脱节，马其顿阵线拉开了第二

镶嵌画《亚历山大与大流士三世的战争》

那不勒斯国家考古博物馆馆藏。大约绘制于公元前1世纪，发现于古城庞贝的农神庙，局部有损坏，后转移到那不勒斯国家考古博物馆。其描绘了亚历山大大帝与大流士三世之间的战争，可能是在伊苏斯战役或高加米拉战役中，具体不详。

个缺口。大流士三世当即派遣波斯中央阵线的禁卫军骑兵和印度骑兵从缺口高速突破,马其顿阵营被劈成两半。

然而,不可思议的是,突破后的波斯骑兵竟然不是从背后攻击马其顿阵线,而是直扑马其顿大营,前去解救人质。显然,这是亚历山大前期心理战略收获的结果,波斯王失去了理智判断。得知大营失陷,亚历山大说:"不要在乎一点后勤物资的得失,如果我们赢得胜利,连波斯人的大营也将属于我们。"事实上,马其顿官兵几乎到达崩溃的临界点。不可思议的事情再次发生,马其顿祭司亚里斯坦德骑上马沿着阵线奔驰呼喊:"看那只盘旋的鹰,这是马其顿胜利的征兆!"将士们的士气顿时受到鼓舞,原本摇摇欲坠

的阵线再次坚挺，大营里的波斯骑兵甚至被成功驱逐。其实，在高加米拉的沙土地上，数十万人马混战必然导致漫天尘土，战斗中的官兵们无法看清一只盘旋的鹰，因此，史学家推测这个插曲很可能是亚里斯坦德临时想出的策略。

激战之时，大流士三世下达总攻令后，波斯左翼骑兵倾巢奔出，但他们不是直奔亚历山大的近卫骑兵方阵，而是拥向激战正酣的马其顿右侧防线。如此一来，拱卫大流士三世的希腊雇佣兵方阵暴露。亚历山大等待的时机终于出现，他当即率领近卫骑兵猛冲，密集阵右边的四个方阵也依次前进，呈一道斜线正面攻击波斯中央阵营。希腊雇佣兵崩溃，大流士三世和禁卫军步兵完全暴露。两位国王相距仅30米，两人几乎同时向对方掷出一支标枪，却双双脱靶。不幸的是，大流士三世的车夫被亚历山大的标枪击毙。

接下来发生的事情，在历史上有两种说法。一说是车夫毙命让大流士三世吓得魂飞魄散，像伊苏斯战役一样，他迅速跳上一匹战马逃之夭夭，波斯阵线随之全线崩溃；一说是由于当时尘土漫天，车夫倒地后，周围的官兵误以为被击毙的是大流士三世本人，哀号之下各阵线纷纷慌乱溃退。据科丘斯记载，面对各军逃离，本打算拔刀自尽的大流士三世在众人的劝说和掩护下也逃离了现场。这场战役中，波斯大军阵亡大约4万人，绝大多数死于逃亡途中，马其顿军队死亡500人，伤者无数。

高加米拉战役中，马其顿王国大获全胜，波斯军队遭到惨败，大流士三世仓皇逃往米底。亚历山大乘胜追击，一路南下，占领巴比伦，取下波斯首都苏萨，登上伊朗高原，将波斯古都波斯波利斯洗劫一空。接着拔军前往米底行省首府埃克巴坦，追击波斯王。公元前330年，当亚历山大向东进入帕提亚时，大流士三世被巴克特里亚省总督贝索斯所杀，波斯阿黑门尼德王朝灭亡。

帝国崩裂后的巴比伦城

亚历山大成了波斯新的统治者。公元前325年，远征至印度的亚历山大率军撤回，结束了十年远征。他选择以千年古都巴比伦作为首都，又一个庞大的帝国——马其顿—亚历山大帝国诞生了，波斯帝国也就此进入马其顿阿吉德王朝。其版图西起希腊、马其顿，东到印度河流域，南临尼罗河第一瀑布，北依多瑙河和黑海。国境内仅起名为亚历山大的要塞便建起70多座。

然而，亚历山大在巴比伦安定的日子非常短暂。公元前323年6月，亚历山大突然发热病倒，仅仅10天之后，就溘然长逝，时年不满33岁，病因至今争议不休。由于亚历山大并未指定继承人，而是只留下一句遗言："把帝国交给强者。"因此，他的去世引发部将们长达几十年的政治斗争，亚历山大的母亲、妻子、幼子都惨遭杀害。最终，托勒密、塞琉古、"独眼"安提柯一世等人瓜分了亚历山大帝国，瓦解为一系列希腊化国家。

其中，亚历山大的部将塞琉古占领了巴比伦地区。公元前321年，纷争不休的将军们在叙利亚签订《特里帕拉迪苏斯分封协议》，瓜分了马其顿帝国辽阔的国土。塞琉古分到富庶的巴比伦总督辖区的统治权。塞琉古一世与其他几位主要继业者一样，自封为国王，建立起独立的王国，名为塞琉古王国，首都定于以其名字命名的底格里斯河畔的塞琉西亚，从此，巴比伦在两河地区的地位开始下降。

巴比伦城边缘化的原因至今不明，据分析，从亚历山大进入巴比伦到塞琉西王朝时期，由于多年城市的发展和人口的增加，对农田和木材的需求量增加，不断地开荒伐林、改森林为农田，缺乏森林的水土保持作用。而且，农业生产、人类活动对水资源的消耗日渐增大，水资源紧缺的美索不达米亚渐渐无法满足城市的需求。在多种因素综合作用下，巴比伦尼亚土地开始出现盐碱化、荒漠化，农业生产能力随之江河日下，人口离散，国力衰退，文明发展逐渐萎缩。至公元2世纪，千年古城巴比伦遭到彻底废弃，沦为一片废墟。

油画《亚历山大进入巴比伦》

法国卢浮宫博物馆馆藏。由法国画家查尔斯·勒布伦于1665年绘制,高450厘米,宽707厘米。胜利者亚历山大站在一辆由大象牵引的战车上进入巴比伦,在背景中可以看到他们的空中花园的梯田。亚历山大在伊苏斯战役中战胜大流士后出现,波斯国王逃走了,他的家人被俘虏,亚历山大给予了保护。通过表现这个场景,勒布伦展示出了伟大统治者的美德,并通过人物塑造揭示了感情表达的差别。

专题

独具特色的波斯文化

文学 波斯波利斯 琐罗亚斯德教

> 从伊朗西南部起家的波斯帝国，呼啸般扩张，席卷亚非欧，成为第一个横跨三洲的庞大帝国。其国民中，有伊朗人、巴比伦人、埃及人等多个民族，古今传承、纵横相错，正是在这民族文化大熔炉里铸炼成了丰富绚丽、独具特色的波斯文化。

文字的延续

居鲁士大帝建立波斯王朝后，其语言文字进入传承与发展的新时期。

当时的主要语言是古波斯语，同时有埃兰语、阿卡德语等多种语言。波斯帝国建国之初，在征服巴比伦王国后，从被征服者那里学会楔形文字。但是，出于商业活动的需要，波斯人将迦南人的22个符号改造为更便于书写的表音字母。

从考古中发现的古币、图章、石碑及崖刻上仍能看到楔形文字在当时的使用情况。例如，公元前520年，大流士一世命令在贝希斯敦山崖刻写的《贝希斯敦铭文》就是用楔形文字将波斯语、埃兰语、阿卡德语巴比伦方言三种不同的语言刻写在山崖上。之所以用三种语言书写，是因为楔形文字掌握者稀少，使用范围有限，因此在发布正式诏令时，需要同时写有埃兰语和阿拉美语的版本译出。

楔形文字在美索不达米亚平原的流传时间长达3000年，随着波斯帝国的灭亡，楔形文字随之演变成了鲜有人掌握的"死文字"。公元前3世纪至公元1世纪，楔形文字再次获得复兴。如今考古发现的最晚近的楔形文字泥板来自公元

75年。这一次复兴犹如回光返照,楔形文字从此湮灭在历史长河中。

在伊朗东北部流行的语言则是阿维斯塔语,琐罗亚斯德教的经书《阿维斯塔》同时也是一部文学著作,反映了古波斯人的勇敢、真诚与乐观,也呈现了他们的世界观,以及他们为人类幸福生活不懈奋斗的热情。

壮丽的波斯波利斯

波斯帝国阿黑门尼德王朝时期,国势强盛,版图辽阔,民族多元,文化交融丰富。这也体现在建筑风格上。波斯的建筑继承了两河流域的古老传统,同时汲取希腊、埃及等地区的建筑风格,在此基础上发展融合。

新都波斯波利斯即建筑领域的典型代表成就,都城位于今天伊朗西南部法尔斯省设拉子东北52千米的塔赫特贾姆希德附近,东靠库拉玛特山。公元前518年,为了纪念阿黑门尼德历代国王,大流士一世开始筹建新都,直到公元前460年,其孙阿尔塔薛西斯一世手中才完工,前后跨越三代,耗时近60年。"波斯波利斯"是希腊人的叫法,意为"波斯之都",伊朗人称其为"塔赫特贾姆希德",即"贾姆希德御座",贾姆希德是古代波斯神话中的王。

● 波斯波利斯官殿雕塑

波斯波利斯建造在一座高于平地15米的天然石质平台上,居高临下地俯瞰法尔斯平原。平台长约460米,宽约300米,高10多米。城西北入口有一条宽六七米的石阶路,可供步行、策马入城,石阶两侧墙面刻有各民族朝贡浮雕群像,象征八方来朝。城内建筑主要有万国之门、觐见厅、仪典大殿、百柱厅、财库、后宫、花园、凉亭等,整体布局严谨,但并非中轴对称设计。

宫殿主要采用伊朗高原产的硬质彩色石灰石。万国之门建于薛西斯一世期间，高18米。觐见厅在遗址中部西侧，石柱木梁枋结构，是一个边长80多米的正方形大厅。大厅与门厅共采用了72根石柱支撑，其中13根迄今依然屹立不倒。柱高21米，柱础为覆钟形，柱身有40～48条凹槽，柱头雕刻公牛装饰，精美壮丽。城内北部有两座仪典大殿，均为平面正方形，和觐见厅一样是石柱木梁枋结构。前面是大流士宫殿，占地为76平方米，殿内石柱36根，柱高19.4米，柱中心纵横间距等长，均为8.74米。大殿四角修筑了塔楼，塔楼之间由两进廊柱，西面廊柱为检阅台，波斯王可在此俯瞰前来朝贡的外国使节搭起的帐篷。大殿门道和墙壁装饰由对称的矩形翼兽身人面浮雕，大小相等，形象相同，纹路都完全对称，做工精美令人击节称赞。另一座大殿为薛西斯一世的觐见宫殿，由薛西斯修建，其子阿尔塔薛西斯一世完成。大厅占地为边长约70米的正方形，殿内有100根高13米的石柱，因此也叫百柱厅。薛西斯一世可气宇轩昂地端坐于百根柱林之间，接见远方来客。百柱厅后，是金库、贮藏室及寝宫。金

 波斯波利斯宫遗址

库设计复杂如同迷宫。寝宫为22个二居或三居的套间,供国王的后妃及其子女居住生活。

在如今的波斯波利斯遗址里,还可以看到鹰头狮身的柱头雕塑,它也是都城的标志之一,由于多年来一直掩埋在废墟中,因此保存相当完好。

在苏萨的宫殿遗址中,人们发现了贴有彩色釉砖的墙壁,绘制着帝国的侍卫和野兽,表现着帝国的雄伟和君王的气魄。当时,人们也已能非常熟练地运用金属细工,手艺人们能够用槌压法制作各种形状的金片装饰宫殿大门和各种宫廷器物。

波斯建筑以其简洁的几何构造和纷繁的色彩搭配为特点,对整个伊斯兰世界的建筑文化都影响深远,整个中亚地区,乃至印度也都受其影响。

崇尚幸福与光明的琐罗亚斯德教

大流士一世大刀阔斧改革期间,也注意到宗教在巩固帝国统治上具有重大意义。因此,他将琐罗亚斯德教确定为波斯帝国的国教。琐罗亚斯德教是基督教诞生之前在中东最具影响力的宗教,在中国又称祆教、火祆教、拜火教。后来还被改造为摩尼教,几经演变,又先后改造为明教、白莲教等宗教流派。

琐罗亚斯德教由伊朗人"先知"琐罗亚斯德创立。琐罗亚斯德,波斯语译名为查拉图斯特拉(公元前628—前551年)出身于米底王国一个贵族家庭,他20岁隐居,30岁改革多神教创立琐罗亚斯德教。创立新教的初期,他屡次受到传统教祭司的迫害。在其42岁时,他的女儿嫁给波斯的宰相为妻,才获得机会觐见波斯王。从此,琐罗亚斯德教得到迅速推广。最终,大流士一世执政后,独尊阿胡拉玛兹达,该教也逐渐成为中亚多地信奉的宗教。

该教融一神论与二元论为一体,教民崇拜一位代表幸福与光明的最高神阿胡拉玛兹达,主张不塑神像、不建神庙。波斯人称备受崇拜的火神是阿胡拉玛兹达之子。教内经典是《阿维斯塔》,意为知识、谕令或经典,也叫《波斯古经》。教义基本特征是宣扬善恶斗争、光明与黑暗斗争。称阿胡拉玛兹达和一切善人都不停地同代表黑暗、死亡和灾难的恶神阿利曼及一切恶人做斗争并不断取得胜利。波斯人相信，每个人死去后，其灵魂都将受到审判，如果善行较多，则进入天堂，如相反，则被阿利曼领走，进入黑暗世界，此为其宇宙二元论。

大流士一世尊崇琐罗亚斯德教，主要意图在于号召人们信奉阿胡拉·玛兹达，崇善弃恶。波斯人的王权观念和亚述人一样，也是建立于神崇拜的基础之上，国王受到最高神阿胡拉·玛兹达的任命与授权，才成为万民之主，统治人间的所有民族和土地，并建立完美的统治秩序。琐罗亚斯德教是大流士一世巩固统治、加强中央集权的重要工具。尊崇琐罗亚斯德教与军事专制一道，一软一硬，双管齐下，对强化统治，维护波斯帝国稳定起到重要作用。

波斯波利斯的阿帕达纳的巨大楼梯的宫殿卫兵浅浮雕

在波斯波利斯的阿帕达纳的巨大楼梯的宫殿卫兵浅浮雕，位于今天的伊朗。阿帕达纳是波斯波利斯露台上最大的建筑，很可能是国王的主要大厅。楼梯的浮雕显示波斯帝国的23个主题国家的代表向大流士一世以及这里描绘的守卫致敬。这些浮雕非常有价值，因为各个代表的精彩细节让人们深入了解公元前5世纪波斯各民族的服装和装备。

"探索古文明"

巴比伦

选题策划：陈丽辉
项目统筹：韩　飞
文字编辑：杨　静
封面设计：周　正
版式设计：蒋碧君　罗筱玲
美术编辑：张大伟
图片提供：视觉中国
　　　　　全景图片库
　　　　　美国纽约大都会艺术博物馆
　　　　　美国洛杉矶郡美术馆
　　　　　美国波士顿艺术博物馆
　　　　　英国不列颠博物馆
　　　　　日本东京国立博物馆
　　　　　法国罗浮宫博物馆
　　　　　意大利佛罗伦萨乌菲齐美术馆
　　　　　荷兰阿姆斯特丹国立博物馆